掌握投資金律，擺脫死薪水

風險管理、資產分配、趨勢預測，投資賺錢很簡單

全球宏觀投資分析師
盧冠安 著

目錄

Part 1　投資理財的整體規劃和風險管理

Part 2　給年輕人理財的額外建議

Part 5　ETF、ETN、期貨及選擇權簡介

結論

自序

　　這本書的主要內容依序是投資紀律、資產分配、五大類資產的循環周期和投資工具的介紹，希望幫助大家能夠對投資的基本概念有整體了解，從而建立自己的投資架構。**因為投資最重要的就是建立自己的分析和投資架構**，若毫無主見地亂投資弄得最後賠錢不說，還暗地裡被金融界笑說是笨蛋，那就太不值得了！

　　「見樹不見林」、「只能選一個答案」往往是許多台灣人的通病，我在多年的投資與教學經驗中，就看過許多台灣人往往有將資金全押在一個標的（或同一類標的，例如股票或股票型基金）的「孤注一擲」毛病。然而根據許多經濟學者的研究，投資必須將低風險低報酬的資產與高風險高報酬的資產混合搭配，

形成一個「資產組合」（portfolio），藉由兩者的互相掩護，才能達到追求長期資產增值的目的。而在投資市場上，**沒有人可以 100% 準確地預測市場（就算有，也是短期績效），因此本書將整體規劃和風險管理這個章節放在最前面，希望能讓大家了解投資的整體規劃和基本的風險管理技巧。**

　　過去幾年台灣因為金融市場逐步開放，加上實質利率太低、薪資成長緩慢，因此基金和各種投資工具非常風行。然而基金可投資的資產只有兩大類，那就是股票和債券（目前台灣的市場上可以操作原物料和匯率的基金還是很少）。很多人以為股票是「長期而言都會上漲」的資產，殊不知股票也可以盤整或下跌十幾年（甚至幾十年）而毫無表現，有空去維基百科看看日經指數從 1990 之後的走勢圖就知道了，而你人生有幾個十幾年（甚至幾十年）可以浪費？另外一群人不喜歡股票的高波動，因此喜歡定期可以收到利息的債券，事實上目前債券殖利率處於歷史低點（也就是價格處於歷史高點），這時候買進債券似乎也不是

很好的投資選擇。

　　本書寫作時，全世界的股票和債券市場都處於歷史高點附近，而股市／原物料的比例達到歷史高點（也就是股市過度高估、原物料過度低估）。此時聰明的你該繼續期待股票市場會再漲一倍，還是開始布局原物料資產？不論你選擇何者，若你肯花時間把這本書看完，你就會知道你的資產該怎麼分配才可以減少風險、放大獲利。如果你覺得這本書已經讓你獲利（或是之前已經跟我操作而有獲利的朋友），請不吝惜把這本書推薦給親朋好友閱讀，謝謝各位讀者的支持。

盧冠安

2017/6/12 於羽匯軒

前言

掌握風險管理、資產分配、趨勢預測和工具使用，投資才能長久

影響投資成敗的因素很多，但**能長期獲利的投資者，腦內都有一個「投資系統」，這個系統大致上涵蓋四大要件：風險管理、資產分配、趨勢預測和工具使用**。所謂的「風險管理」是所有投資都要面臨到的問題：當你遇到虧損的投資部位該怎麼處理？遇到賺錢的投資部位該加碼或減碼？至於資產分配也是非常重要，常有人誤以為買進股票與（股票型）基金就是分散風險，事實上兩者最終都是投資股票，這樣的投資方式其實是集中風險，常有人深陷這種錯誤的觀念而不自知。在趨勢預測方面，本書是以全球宏觀策略為主，其他策略為輔。而至於投資工具的選擇也是一門學問，例如股票現貨與期貨有什麼優缺點和使用限制？槓桿型與反向型的 ETF 有時間成本的問題，各位讀者知道嗎？這些在書中都將一一替你解答。

觀察國內的財經書籍，有的在誇耀作者（或某套方法）勝率多高，有的只教大家風險管理，有的則是談論一種「工具」也可以寫成一本書（例如「如何開美股帳戶」這種上網查查資料也可以寫成一本書，真是奇談），如果你看過上一段簡明扼要的介紹，就會知道這三類書籍分屬趨勢預測、風險管理和工具使用這三種範疇，而國內幾乎沒有一本完整的書籍介紹資產分配，因此這本書是國內少數涵蓋投資這四大因素的書（本書重點主要集中在前三項，因為很多投資工具的基礎知識可以在網路上查到，例如配息時間等），因此這本書絕對是相當重要的輔助及入門書籍。若各位讀者能夠按部就班把書看完，應該能對投資有整體概念，並幫助各位讀者在投資市場上勝多敗少，獲得該有的財富和成就感。

　　本書的內容若未特別說明，均以美國的狀況為主，特此聲明。

盧冠安

2017/6/12 於羽匯軒

名詞解釋

在進入正文之前，先對一些常見的財經專業名詞解釋，以方便讀者（尤其是財經初學者）閱讀。若已有相當基礎知識的讀者，這裡可以跳過，直接看下一個章節即可。

一、多頭

價格呈現上升趨勢（漲多跌少），稱為多頭，又稱牛市，英文為 Bull market 或 Bullish market。

二、空頭

價格呈現下降趨勢（跌多漲少），稱為空頭，又稱熊市，英文為 Bear market 或 Bearish market。

三、作多

先買進、後賣出的投資方式，這種投資方式是預期價格呈現多頭，所以若價格不漲反跌，那麼就會產生虧損。作多的英文為 long position 或簡稱 long，香港有時稱為「長倉」。例如，我作多石油＝ I long crude oil 或是 I have long position on crude oil.

四、放空

先賣出、後買進的投資方式，這種投資方式是預期價格呈現空頭，所以若價格不跌反漲，那麼就會產生虧損。放空的英文為 short position 或簡稱 short，香港有時稱為「短倉」或沽出，例如，我放空石油＝I short crude oil 或是 I have short position on crude oil.

放空的詳細方法如下：先借取某種投資標的物（通常從券商等金融機構借取，若是借取股票，台灣稱為「融券」），之後將該標的物拋售以換取現金，若這個標的物價格下跌，就可以用較少的現金將該標的物買回，還給借取該標的物的單位（此動作稱為「空頭回補」），兩者間的高低價差就是獲利。舉例如下：

在 A 股票的股價＝ 100 時，向某券商借取一股 A 股票，賣出之後帳戶會有現金 100 台幣，兩個月之後 A 股價跌到 60 元，這時候只需以 60 元台幣即可買回 A 股票還給券商（當然還要加上借券手續費、利息等，不過這些金額都不高），等於約有 40 台幣的獲利。

當空頭回補的價格比原先賣出的價格低時，則放

空會產生獲利；若是空頭回補的價格比進場價位高時，此時放空將會產生虧損，此現象稱為「軋空」。若市場大漲，空頭通常會大量回補，進而推升市場價格（因為空頭回補時，需要從市場上買回該標的物），這就是所謂的「軋空行情」。

五、平倉

分為「多頭拋售平倉」和「空頭回補平倉」兩種。前者指的是原來買進某投資標的的投資者，將持有部位賣出換取現金；後者指的是原來放空該部位的投資者，將賣出的部位買回還給融券單位。

六、技術（面）分析（Technical analysis）

運用價格走勢圖進行未來行情走勢分析的投資方式，是投資的主要派別之一，但多半只能適用於短線投資。技術分析常透過 k 線圖進行分析，請參考以下網址 http://chbfund.moneydj.com/z/analyst/Kline.htm

七、基本（面）分析（Fundamental analysis）

主要針對財務報表（簡稱財報）、供需、經濟數據、政治情勢、氣候等不在價格走勢圖顯示的因素進行分析，是投資的主要派別之一，通常在中長期走勢的預測較為有效。

八、期貨（Futures）與選擇權（Options）

請參考本書的 Part 5。

九、通貨膨脹（簡稱通膨，Inflation）

貨幣流通量增加，造成物價上漲的現象。通常以消費者物價指數（Cousumcr Price Index，CPI）的年率計算通貨膨脹，若 CPI 的年率＞0%（即今年同期比去年同期的物價上漲），則稱為通貨膨脹。發生通貨膨脹時，貨幣的購買力會降低，俗稱「錢變薄了」。由於通常經濟成長時，消費者購買力增加，物價才會上升，因此通貨膨脹通常與經濟成長一起發生。

通貨膨脹是個很奇妙的東西：它一來會減少消費

者的購買力，但也是消費者購買力的一個上升的必然結果。所以長期而言，通貨膨脹必須存在，重點在於不要高到消費者縮衣節食即可。

十、通貨緊縮（簡稱通縮，Deflation）

貨幣流通量減少，造成物價下跌的現象。通常以消費者物價指數（Cousumer Price Index，CPI）的年率計算通貨緊縮，若 CPI 的年率＜ 0%（即今年同期比去年同期的物價下跌），則稱為通貨緊縮。發生通貨緊縮時，貨幣的購買力會上升，可以視為「錢變厚了」。由於通常經濟衰退時，消費者購買力降低，物價傾向下跌，因此通貨緊縮通常與經濟衰退一起發生。

短期的通貨緊縮對於消費者甚至整個經濟都有幫助，但長期的通貨緊縮會造成消費者因為預期物價下跌而延遲消費（例如你覺得電腦會越來越便宜，就一直沒汰換），因此造成公司工廠的庫存積壓，只好裁員、減薪，造成經濟衰退更嚴重，當消費者薪資降

低或失業後又更不消費,讓通貨緊縮更嚴重。日本在
1990 年代泡沫破裂之後就經歷了長期的通縮,使得經
濟欲振乏力。

Part 1

投資理財的整體規劃
和風險管理

一、如何在死薪水時代規劃存款、 投資、消費及負債

　　說到理財，很多人認為這就等於「要投資什麼？」，實際上理財的第一步是監控你的現金流，包括你一個月的總收入、總消費和應付的債務。例如某人月薪 3 萬元，一個月支出 1.5 萬元且無負債，那就是每個月有淨現金流入 1.5 萬元。如果你淨現金流入是負的，那一定要想方法去開拓財源或者節流。

　　確定淨現金流之後（真的很多人不知道他的一個月淨現金流是多少），你通常就可以確定你一年的存款應該會增長多少，由這裡也可以得知你的投資報酬率應該考慮多少（請參考本章的「六、我該追求多大的投資報酬（風險）？」）。以現在大學畢業的起薪來說，在台北生活要一個月存下 5000 元頗為不易，**但我要告訴各位年輕人，有存總比沒存好，每年都把存**

款花光的結果就是讓自己完全沒保障，因為不論是家裡要用錢、創業、自己失業要過生活，有點儲蓄絕對是救命良藥。

我們再來談談如何減少消費總額的部分。減少消費總額有兩個方法，一個是減少消費的量（或次數），一個是降低購買的價格，前者要透過控制物慾，確定什麼是你現階段最「需要」而不只是「想要」；後者現在網路上有眾多方法，如折價券、信用卡紅利、折扣等，這些就不在本書的範圍之內了。

關於負債，我個人的看法是年輕人的淨資產 100 萬元以下，除了以下幾個條件之下，不可以有任何負債：

1. 短期的信用卡消費：但絕不能動用到循環利息。

2. 總金額 1 ～ 2 月薪水以下的分期付款：如購買 3C 產品，使用刷卡分期。

至於總資產一百萬以上的年輕人，在現在景氣那麼糟的狀況下，也不是很建議大額負債去買房，因為台灣的人口老化已經讓房價處於長期下跌的狀態，詳情可能要請各位去看一下本書 Part 4 關於房地產的章節了（p.204~215）。

二、為什麼要遵守風險管理原則（＝投資紀律）？

最簡單的原因就是：**沒有人可以100%準確地預測市場（就算有，也是短期績效），所以投資的重點往往在於如何避免損失過大**，舉例如下：

當某人將一元投資在某標的，經過一年之後上漲100%，第二年結束時卻下跌50%，請問此人在這兩年共獲利多少？

計算過程：$1 \times 2 \times 0.5 = 1$，$1 - 1 = 0$

也就是這個人經過兩年的投資，沒有任何獲利！我們可以從這案例得到一個概念：**50%的損失就可以抵銷100%的獲利！！所以投資的重點在於防範大幅的虧損，能否大賺倒是其次**。希望這個例子能提醒大家風險管理（＝投資紀律）的重要性，以下將逐條介紹主要的風險管理原則。

三、我該拿多少比例的存款
（或資產）去投資？

　　理財時一定要有的一個中心概念就是：存款不可以全部投資，因為人總是會有一些意外發生。但到底可以拿多少比例的存款去投資呢？我一般是這樣計算：

　　可投資總額＝〔全部存款－（3 至 6 個月內的消費＋需還負債總額）〕×0.8 或 0.9

　　舉個實例如下：

　　某甲有存款 50 萬元，一個月消費 1.5 萬元，無負債，則他的「可投資總額」為：

　　〔50 萬－（3×1.5 萬）〕×0.8 或 0.9＝36.4～40.95 萬

　　〔50 萬－（6×1.5 萬）〕×0.8 或 0.9＝32.8～36.9 萬

　　因此某甲可以投資的總額約為 32.8 萬至 40.95 萬。以上的存款也可以換成資產，但建議把房子、土地、珠寶等非流動性資產（變現速度較慢的資產）扣除。

這公式之所以要扣掉 3 ～ 6 個月的消費和負債，是因為要考慮到意外失業或生大病等意外因素，因此若你這份工作已經不是很穩（例如公司財務常出問題或者有辭職的打算），那就要扣掉六個月內的消費及需還負債總額；若你工作穩定（例如軍公教、醫生、護士）甚至有升遷的機會，那只需要扣除三個月內的消費及需還負債總額。請注意，就算你是上述這幾種穩定的職業，也不可以把全部的存款拿去投資，人總是會有些意外發生的。

存款（或資產）扣除投資之後剩餘的款項，可以做些短期的台幣定存（但仍需留些活期存款），一來多少有點利息，二來隨時等待加碼的機會。身邊隨時保留一筆數萬元左右的資金，在調度上會方便許多。

四、如何建構你的投資組合

　　投資組合的建構是投資非常重要的一步，但是你目前在市面上看到的觀念幾乎都是錯的。例如**投資組合要分散投資各種標的物，這概念是正確的，但那是在五大類資產（股票、債券、外匯、原物料、房地產）中分散投資，而不是只在某一種資產類別中分散投資，**例如當你同時買進台積電和聯電，這兩種其實都是股票類資產，所以這種投資組合其實在增加風險而不是分散風險；另一種情形是金融界常灌輸的錯誤概念：例如「中國基金買一些、拉丁美洲基金買一些、歐洲基金也買一些」這種說詞，結果這策略在 2008 年完全失效，因為這些資產雖然投資地域不同，但都是股票型基金，也就是都在投資股票，因此其實這種情形

和孤注一擲差不多。而世界各國的股票彼此之間的連動性很高，所以 2008 年無論哪國的股票（或股票型基金）最後都是暴跌收場，但當年美國國債、黃金和日圓卻是上漲，因此這就是在五大類資產中分散投資組合的重要性。**要分散投資組合的根本原因在於我們無法 100% 預測市場**，所以把資產分配到五大類資產中，不僅可以避免因為過度集中在某一類投資標的而遭到致命打擊，還能夠獲取適當的利潤。投資組合的建構須按照幾個概念去進行：

1. 投資組合要有主軸（針對經濟觀察的結論），不是亂槍打鳥的分散投資：

　　投資組合的建構需要針對當前經濟情勢有詳細的判斷和分析，不是股票也買一點、債券也買一些就好了。因為當你沒有中心思想而亂槍打鳥地分散投資，可能這資產賺一點、同時另一個資產虧一點，到後來一事無成還賠了一堆交易費用，何苦來哉？因此投資組合絕對要針對當前經濟形勢作出研判之後，再決定

五大類資產的比例，而不是亂槍打鳥式的投資。例如我 2008 年資產分散在外匯和黃金中，就算是當年最慘的時候我也只虧損不到 10%，當年最後結算還賺了7%，除了我沒有過度集中在股票這類資產之中，事先對景氣循環的正確判斷也是非常重要的。

2. 投資組合中，任一大類資產或地區不要超過總資產的 40%：

　　在投資組合中，任一大類資產（本書提到的五大類資產：股票、債券、外匯、原物料、房地產）最好不要超過總資產的 40%，因為任何資產都有多頭和空頭的循環，如果任一類資產放太多，等於就是在該類資產空頭的時候把風險放大。舉個例子：2008 年股票暴跌，專門投資股票的人就損失慘重，這就是這些人把資產過度暴露在股票的單一資產的風險造成的後果。如果這些人當年只投資 20% 的資產在股票，以當年股票平均跌幅 50% 來說，當年只會損失 20%×50% ＝10%，這狀況遠好於把全部資金投資基金或股票的投

資報酬率（2008 年這種人很多，或許各位讀者也是受害者）。而不要在單一地區內配置太多的風險是因為若一國爆發危機，可能有互相傳染的風險，尤其是新興市場相互之間的傳染力更高，不可不慎。

3. 波動性越高的資產應配置越少：

　　波動性越高的資產表示暴漲或暴跌的機率都會越大，而投資最重要在於「先求保本再求獲利」（因為 50% 的跌幅就可以抵銷 100% 的漲幅），因此波動度越大的資產要配置越少。如銀的波動約是金的 1.2 ～ 2 倍（也就是金漲 1%，同時銀可能會漲 1.2 ～ 2%），合理的配置方法就是銀的投資金額就是金的 1/2 不到，這樣可以降低整體資產的波動度。以此觀點而言，常常不理性的台股不應該占你資產總額的 15% 以上，但我常看到很多人滿手台股，這實在是很危險的。

4. 如果可能，減少不同資產間的相關性：

　　要是能夠在不違反當前投資主軸的狀況下適度減少不同資產的相關性，對於減少整體資產的波動度是有利的。但話說回來，這幾年由於金融市場的全球化導致資產間價格相關性增高很多，因此要做到這點是相當不容易的。

五、「投資系統」有哪六大面向？

　　我在前言說過，「投資系統」涵蓋三大要件：風險管理、資產分配、趨勢預測和工具使用，更白話一點說，投資系統就是「當你看到哪些數據或消息，然後我要作多或放空哪些標的？要進場多少金額？要用什麼投資工具進場？」目前我歸納出來，投資系統也可以分為六大面向：預測準確度、報酬／風險比、部位大小、交易手續費、交易頻率、總資產。預測準確度很重要，但絕對不是唯一，可惜很多投資人卻把他當成唯一。舉例來說，若你看對的部位投資金額都很少、看錯的部位投資金額都很多，那就算預測準確度高達2/3 也不見得有用。全球宏觀派的投資大師索羅斯曾說過：「重點不在於你預測正確或錯誤，而在於你預測

正確時賺多少、預測錯誤時賠多少。」一句名言道盡
了投資系統和風險管理的重要性。在下面的章節中,
我們將會逐一介紹其他部分,讓讀者對於影響投資報
酬的基本因素有概念。

六、我該追求多大的投資報酬（風險）？

　　這幾年金融界常常一直宣傳一個投資理財的錯誤概念：越年輕應該追求越高的報酬率（請注意高報酬往往等於高風險），實際上這個觀念錯得離譜。我的研究顯示，投資報酬率應該是 42 ～ 47 歲時最高（圖1-1），更年輕或更年老時都應該降低，原因如下：

A. 30 歲以下的族群：

1. 年輕時對於經濟循環的體認還不深，容易輕躁冒進，投資錯誤而不自知。
2. 年輕時通常收入較低，大賠之後要賺回來的時間較久，而且某些投資工具可能有資金門檻，大賠之後可能可以選用的投資工具變少。

　　但年輕人有一個優勢就是時間多，因此可以嘗試

多種投資工具和方法，找出最適合自己的投資模式，
但切勿擴大資金槓桿（例如外匯保證金、選擇權、期
貨等），以免落得嚴重虧損甚至負債而萬劫不復。

B. 50 歲以上的族群：

1. 此時已經接近退休年齡，若犯了重大錯誤，可能會
   影響到之後整個人生規劃。
2. 此時反應速度和記憶力都已經大幅下降，較難跟上
   世界的投資節奏。而老年人當然也有優勢，那就是
   因為大風大浪見多了，所以在市場動盪時可以比較
   泰然處之。

圖1-1

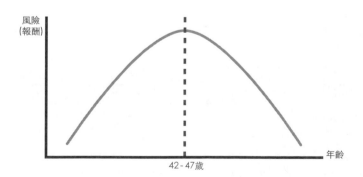

圖 1-1：不同年齡階段應該追求的投資風險（報酬）

我認為以一個 35 歲、年收入 40 萬，目前有一百萬存款的年輕世代為標準，他應該追求 15 ～ 20% 的報酬率，各位讀者可以根據自己的狀況，對照表 1-1 來計算自己追求的報酬率應該偏離上述標準多少：

表 1-1：年齡、年所得、負債、總資產等因素對應追求報酬率的影響

年齡	＜ 30 歲	30 ～ 40 歲	40 ～ 50 歲	＞ 50 歲
應追求的報酬率（偏離值）	-7.5 ～ -2.5%	-2.5 ～ +2.5%	-2.5 ～ -7.5%	-7.5 ～ -10%
年所得	＜ 30 萬	30 ～ 40 萬	40 ～ 50 萬	＞ 50 萬
應追求的報酬率（偏離值）	-5 ～ -2.5%	-2.5 ～ 0%	0 ～ +2.5%	+2.5 ～ +5%
負債 / 年所得	無負債	＜ 0.5	0.5 ～ 1	＞ 1
應追求的報酬率（偏離值）	+2.5 ～ +5%	0 ～ +2.5%	-2.5 ～ 0%	-5 ～ -2.5%
總資產	＜ 50 萬	50 ～ 100 萬	100 ～ 300 萬	300 萬以上
應追求的報酬率（偏離值）	-5 ～ -2.5%	-2.5 ～ 0%	0 ～ +2.5%	+2.5 ～ +5%

例：某人 28 歲，年所得（包括薪資及年終獎金等所有工作收入，但不包含投資）約 30 萬元，負債 10 萬，總資產 30 萬元，則此人應追求多少的報酬率（以最小偏離值計算）？

最高應追求報酬率＝ 20 － 2.5 － 2.5 ＋ 2.5 － 2.5 ＝ 15%

最低應追求報酬率＝ 15 － 7.5 － 5 ＋ 2.5 － 2.5 ＝ 2.5%

平均應追求報酬率＝（15 ＋ 2.5）/ 2 ＝ 8.75%

大家可以根據上表算出自己應該追求的最低或最高報酬率，若是根據上表算出來應該追求的報酬率＝ 0 或是負值，則表示自己目前的狀況不應該投資，而應該先還債或提高工作收入，之後再投資。

另外有些因素也會影響報酬率的追求，例如經濟景氣的好壞、可用於處理投資時間的多寡、結婚與否、子女數目與年齡、未來是否有大筆支出（買房、買車）等，這些因素很難一一羅列，但大原則就是當未來有大筆支出或不確定性升高時，預期報酬率應該調降。例如景氣偏差時，由於投資標的的報酬率會偏低（雖

然有些標的或投資方法在此時也可能大賺，但畢竟這類標的和方法都較少），此時就不應該為了要追求高報酬略而冒著資金可能大賠的風險，應該適時把追求報酬率降低，以免一年之內賠光了好幾年累積的財產，得不償失。而部分專業人士或大老闆雖然年所得頗高，但是可用於處理投資事務的時間較少（也就是對於投資的風險較難掌握），所以預期報酬率也不要太高。最後請一定要記住：**報酬率有多少，風險就可能有多少**，這是所有投資的真理。

七、淺談「報酬／風險比」

　　如果今天有檔股票的股價是 100，此時你詳細研究過，認為他會漲到 120，但也可能跌到 80，那你到底要不要買？

　　關於這問題，通常大部分只考慮獲利的散戶會「一聽到可以獲利 20%」就買了，實際上任何金融投資要考慮都有一個因素就是「不確定性」，而風險控管就是要盡量消除不確定性造成的虧損及增加可能的獲利。風險控管的一個很重要概念就是所謂的「報酬／風險比」，就是把「可能獲利」與「可能損失」這兩個數字相除。以剛剛例子而言，報酬／風險比就是 1，也就是說你在賺一塊的同時也可能賠上一塊。根據高中的期望值公式，我們可以用以下公式來計算某人長期下來獲利的多寡：

投資獲利＝

平均每次猜對賺的比例 × 猜對的機率

－平均每次猜錯賠的比例 ×（1－猜對的機率）

→因此我們有幾個方法可以改善獲利＋減少虧損：

1. 每次猜對時，讓賺的比例增加：放大獲利

2. 增加猜對的機率：作詳細的研究

3. 每次猜錯時，讓賠的比例變少：執行止損

　　許多研究顯示，長期下來就算投資高手猜對的平均機率也只有 60% 左右，因此假設我們任何一個投資猜對的機率為 2/3，而且每次猜對賺 1 元、每次猜錯賠 2 元，則你的投資長期下來剛好會打平。由於我們要追求正報酬而不是打平而已（而且我們猜對的正確率可能也會遠＜ 2/3），因此若假設我們長期下來猜對的機率為 1/2，而我們平均每次猜對就賺 30% 且平均每次猜錯就賠 10%，那麼長期報酬則為：

　　30% × 1/2 － 10% ×（1 － 1/2）＝ 10%

　　若將猜對的機率提高到 60%，其他條件不變，那麼長期報酬則為：

　　30% × 60% － 10% ×（1 － 60%）＝ 14%

　　由於猜對機率的侷限，所以我們投資時思考的報酬 / 風險比至少要 ≥ 3，這樣長期多次的投資獲利才會較佳。表 1-2 是幾種情形舉例：

表 1-2：預測正確機率及每次平均報酬率對長期報酬率的影響

平均每次猜對賺的比例	猜對的機率	平均每次猜錯賠的比例	猜錯的機率	長期報酬率
25%	60%	15%	40%	9.00%
25%	55%	15%	45%	7.00%
25%	50%	15%	50%	5.00%
25%	60%	12.50%	40%	10.00%
25%	55%	12.50%	45%	8.13%
25%	50%	12.50%	50%	6.25%
25%	60%	10.00%	40%	11.00%
25%	55%	10.00%	45%	9.25%
25%	50%	10.00%	50%	7.50%

把上面的公式輸入 EXCEL 中，就可以分析很多種情況了。各位可以發覺投資到最後，基本上就是個數學問題。請切記，投資最忌感情用事！

八、投資猜對要加碼、猜錯要減碼（止損）

在上文說到的公式，其實缺少「投資部位大小」這一項，也就是這公式可以進一步修正如下：

投資獲利＝

平均每次猜對賺的比例 ✕ 猜對的機率 ✕ 猜對時的部位大小

－平均每次猜錯賠的比例 ✕（1－猜對的機率）✕ 猜錯時的部位大小

從以上公式可以推出以下原理：當你猜對的時候，投資部位要加碼；猜錯時，投資部位要減碼（甚至完全止損出場）。但是一般人剛好相反，投資部位賺錢時都是小賺就出場，投資部位虧損時卻死不認錯（有時候還拼命加碼），這樣哪裡能賺錢？可悲的是台灣很多「理專」和金融界為了賺各位投資者的佣金，還

是一直推廣這種錯誤的概念，而且很多人還是相信，
這原因追根究柢是多數人投資和判斷事物是感情用事，
而並非以數據和邏輯為準。因此當你比多數人冷靜而
有邏輯，你在投資上就更容易賺錢！

九、追求穩定的報酬比起大起大落更重要！

　　我們假設某人一開始的資產是 1 塊錢（請拿一台計算機在旁邊，驗證我以下數據的正確性），兩個情形如下：

　　一、每年報酬 20% 連續四年：

　　$1.2 \times 1.2 \times 1.2 \times 1.2 \times 1.2 = 2.4883$ →報酬率 $= 148.83\%$

　　二、不穩定的報酬率：

　　$1.4 \times 1.4 \times 1.4 \times 1.0 \times 0.8 = 2.1952$ →報酬率 $= 119.52\%$

　　兩者約差了近 30% 報酬率！！

　　若我們以單利計算，第一種情況五年的累積報酬

率＝ 20%×5 ＝ 100%，第二種情況的累積報酬率＝ 40×3 ＋ 0 － 20 ＝ 100%，兩者看起來好像一樣，但是最終的總報酬率差了快 30%！這原因在於第二種情況的第五年產生了虧損，若是這一年只虧損 10%，那麼這五年的累積報酬如下：

$1.4 \times 1.4 \times 1.4 \times 1.0 \times 0.9 = 2.4696 \rightarrow$ 報酬率 ＝ 146.96%

這個報酬率和第一種情況已經差距不到 2%，而我們不過在第五年減少了 10% 的虧損（該年從原來虧損 20% 減為虧損 10%），就可以把五年的總報酬率提升了 27.44%！

以上事實說明三點：

1. 限制下跌風險的重要性 >>> 追求高報酬。

2. 止損是投資最重要的一件事情！

3. 穩定且不產生虧損的報酬遠比波動大而不穩定的報酬率要好。由於投資不可能不發生虧損，

所以退而求其次就是盡量讓虧損減低在一定範圍內，即第二點提到的止損。

　　以上是簡單的小學數學，但這道理很多人到了 50 歲還是第一次聽到！願大家深思之！

十、趨勢最重要，時間點次之、 價位是參考

　　一般散戶最大的盲點就是往往會認為「價位太高不要買」、「價位太低可以買了」，實際上這是投資和人生最大的錯誤觀念之一。例如 2007 年 7 月，我開始買進黃金存摺的時候，台銀的價格是 700 元整，當時我母親問我黃金的價格最低是多少，我跟她說：「1999 年最低的時候是 250」，她對我說：「漲了快三倍了你還買？！」，我就說：「一年內會漲到 1000 妳信不信」，結果 2008 年 3 月黃金就漲到 1033，而現在的價格在 1250 元附近（2017 年 6 月），比當時又高出了 20% 以上了。事實上，1970 年代黃金大多頭的時候，從 35 漲到 880，足足漲了 20 多倍！台股當年 1985 年到 1990 年，也是從不到一千點漲到一萬兩千多

點，因此真正的大多頭都是七或八倍以上起跳的，黃金從 1998 年的 250 漲到現在的 1250 根本不算什麼！另外一個活生生的例子是，2008 年台股已經明顯步入空頭，但很多人沒體會到這趨勢，反而在跌破 7000 點時進去「逢低承接」，跌破 6000 點再度「大膽加碼」，跌破 5000 點時卻已經無力看股價，結果大盤跌破 4000 點才反彈，因此 2009 年的大行情這些人根本吃不到，只是在減少虧損而已。以上兩個例子都說明投資的重點在於「趨勢」，不是在於「價位」！另外舉個例子，如果各位在職場升官順利（這好比投資的「趨勢」），你會不會說「我現在升到總經理了（這好比投資的「價位」），所以我居高思危，我不幹了！」當然不會，因為價位是現在的，未來價格會往哪邊移動才是重點（這就是趨勢），不是嗎？

有的人被金融界的定期定額概念所麻痺，認為「我不需要管趨勢，反正股票長期而言都是上漲」。說這句話的人忽略了兩點：

1. 不管趨勢的投資，其實等於是在賭博。

2. 股票長期而言都是上漲沒錯，但這個「長期」
   有可能是 10 年以上的時間尺度，人生有幾個 10
   年？關於此點請見本書 Part 4 的「股票」部分。

十一、如何分批進場、分批出場？

　　這個 Part 稍早的內容說過：投資永遠有不確定性（人生又何嘗不是如此！），要減低不確定性帶來的傷害並從中獲利，分批進出場而不一次押寶是很重要的。假設你有 100 萬資產，打算投資 20 萬於黃金存摺（別忘了之前單一資產不超過 25% 的紀律），那麼你第一筆黃金存摺應該先買進 20 萬的 5 ～ 10%，買進之後上漲再追加 15 ～ 25%（以此例來說約 3 ～ 5 萬），最後再分數次補到滿。會這樣做有幾個原因：第一筆先少量買入是試試市場水溫，如果跌了話那金額也很小，漲的話少說有沾到光。前一節說過，趨勢才是投資最重要的事情，因此當市場上漲，表示你的看法至少短線上被市場確認，此時應該立刻加碼以放大獲利。而如果第一筆買進之後就被套牢，那麼絕對不可以加

碼,因為表示至少你的看法是錯的,再繼續加碼可能
會擴大虧損,得不償失。關於套牢之後為什麼不能加
碼,詳情請見第十二節:「套牢時就不可加碼,而應
該嚴格執行止損」。

　　若建構完投資組合之後,由於每個月還會有薪水,
這時候應該將扣除消費之後的薪水,部分資金作台幣
定存,部分以活存型式、隨時等待加碼。而加碼時機
並不是像定期定額這樣每個月都投入,應該是等到出
現修正時再加碼。但這邊可能要注意:如果下跌不是
長期趨勢中的一個修正,而是空頭的開始,那麼應該
盡速出清所有相關部位,甚至開始放空該標的。總之,
趨勢仍然是重點,千萬不要趨勢已經明顯空頭,還傻
傻地覺得「這標的很便宜了」就進場去買,那可是會
重蹈 2008 年的覆轍!

十二、止損和停利的設定

　　散戶最常遇見的性格就是不止損＋專搞短線＋只想逢低買進，但真正內行的財經投資技巧的書籍都會跟你說止損的重要性，因為投資永遠有不確定性，所以任何主張不用止損的論點，你都可以丟到旁邊不用理它。止損的重要性我先用一個例子說明：今天你有100元的資金，當虧損10%之後，如果要用剩下的90元去賺回原來的100元，需要11.11%的報酬率，而不是10%！以此類推，當你虧損50%之後，你需要一倍的報酬才能打平虧損！因此止損的好處有幾個：

　　1.降低心裡煎熬：當手上一堆虧損部位的時候，人會特別容易情緒化決策。

　　2.避免損失時間成本：止損之後，把虧損部位拿來投資其他資產，或許可以彌補回大部分損失。

3. 避免資金毀損在一次交易之中，需要數倍的報酬率才可以彌補回來。

光以上這三點你就必須實施停損。好，知道止損的重要性之後，那該怎麼設定止損點？一般來說有以下幾個方法：

1. 固定比例止損：

這是最常見的停損設定方法。原則上根據某個資產的平均波動度設定止損，一般建議股票及原物料這些波動較高的資產在 15 ～ 25% 停損，債券與外匯在 10% 以內停損。如果不知道該類資產的屬性，可以計算過去 10 年每年最高價與最低價的落差百分比，將這個比例砍半之後就是止損點的比例。至於為何高低落差幅度百分比的一半就是止損點，請各位讀者參考表1-3：假設今天你有 30 萬元，分成 3 筆 10 萬，投資 3 個波動度類似的標的，經過你詳細的研究，30 年來這 3 種資產一年的平均波動都是 20%，這時候我會把停損點設定 -10%；經過一年之後，可能有兩檔股票在中

途就 -10% 停損掉了，但另外一檔很幸運地是剛好賺到歷史平均的波動（+20%），結果一年下來你並沒有虧損。但是你只猜對了 1/3，比猜到丟銅板的機率還低？沒錯，止損的威力就是在這個地方，讓你可以用最少的損失認錯出場，並且盡量不拖累其他的獲利。

表 1-3：假設投資 3 個類似波動的標的物，一年之後的報酬

	標的 A	標的 B	標的 C
歷史平均波動	+20%	+20%	+20%
進場前設定的止損點	-10%	-10%	-10%
結果	-10% 止損出場	-10% 止損出場	+20% 獲利出場
三個標的物的總報酬	0%		

2. 近期最低或最高價格止損：

價格走勢通常可以分為上漲、下跌與盤整三種，前兩者都有明顯方向性，因此應該在上升趨勢線下方（當我們作多時）或下降趨勢線上方（當我們放空時）設立止損點（圖 1-2、1-3），而盤整期應該在盤整期

的最高點或最低點下方設定止損點（圖 1-4）。

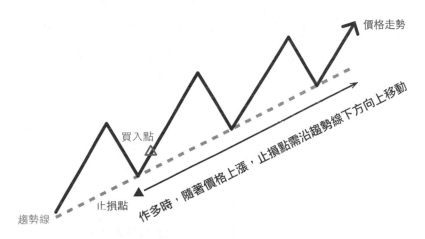

圖 1-2：價格處於上升趨勢時，此時適合作多，並應在上升趨勢線
的下方設立止損點。

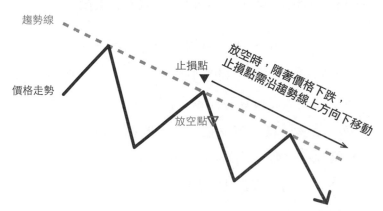

圖 1-3：價格處於下降趨勢時，此時適合放空，並應在下降趨勢線
的上方設立止損點。

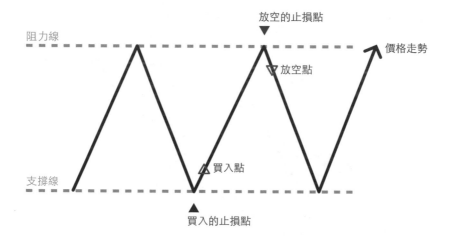

圖 1-4：價格處於盤整期時，應在盤整期的最高點或最低點下方設定止損點。

3. 移動平均（Moving Average，MA）止損：

　　移動平均是一個常用的技術分析指標，簡單來說就是計算過去一段時間的平均價格（通常以收盤價來計算平均），之後逐時段繪在圖上，例如 10 日的移動平均就是今日收盤價及過去 9 日收盤價的平均價，而較為常見的移動平均是 10、30、60、100、200 的日均線。移動平均代表過去一段時間進場者的平均成本，

因此當日價格跌破移動平均，通常會引起較大的賣壓，可能造成更大的下跌；而當日價格升破移動平均，通常會引起較大的空頭回補買盤，可能造成更大的上漲。所以若當我們作多（或者說價格處於上升趨勢時），應該在移動平均下方不遠處設定止損點，因為跌破移動平均可能代表趨勢有轉為下跌的疑慮；若當我們放空（或者說價格處於下跌趨勢時），應該在移動平均上方不遠處設定止損點，因為升破移動平均代表趨勢有轉為上漲的疑慮。

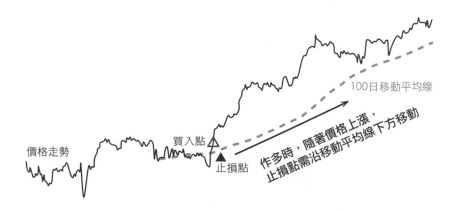

圖 1-5：**價格處於上升趨勢時，此時適合作多，並應在移動平均線的下方設立止損點。**

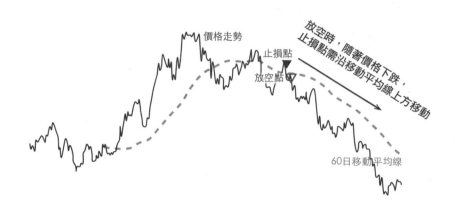

圖 1-6　價格處於下降趨勢時，此時適合放空，並應在移動平均線的上方設立止損點。

4. 依「總資產虧損比例」止損：

　　這是最重要的一個止損原則，也就是每個部位損失不超過總資產 **1.5%**、最多 **2%**。舉例如下：某人有資金 100 萬，買進某檔投資 10 萬，那麼止損點最多損失 100×2% ＝ 2 萬，也就是 10 萬的投資部位必須在下跌 20% 時止損。

5. 心理止損：

投資需要穩定的心理狀態才能冷靜和理性判斷，所以若**個人發生可能影響心情的重大事情**，如失業、失戀、離婚、罹患重大疾病、家庭變故等，這時候**建議將所有投資部位出脫**，以免誤判造成大賠。

6. 進場後若已獲利，請思考願意回吐多少獲利：

說完了止損，我們這邊來說停利點的問題：這幾年常聽到基金理專跟你說所謂的停利點設定多少，事實上，鼓吹長線投資的同時又設定停利點根本就是錯誤的觀念！一個重要原因是：大多頭常常是漲五、六倍以上，不是只漲 20% 而已，另一個理由是：當你拚命砍獲利部位的同時，卻放任虧損，你賺得了錢嗎？那麼，停利點到底該怎麼設定呢？大致上有以下三種方法：

1. 固定比例停利：

這也是最常見的停利方法，但基本上只適用於短

線交易，因為用在中長線交易上很容易錯失大行情。

2. 移動止損（停利）：

舉例說明如下：假設某標的的進場價格是 100，止損點是 10%，在進場一段時間之後，若價格已經漲到 110（等於已漲 10%），那你就要把止損點向上調整到入場價位附近；此時若價格下跌，止損點不可以向下移動，而應該遵守投資紀律出場，也就是最多是平盤出場，所以這筆投資已經立於不敗之地了。若價格已經漲到 110，之後並未回檔觸及到平盤的止損點（例如回檔到 105），之後這個標的繼續上漲到 120，之後你的停損點就要向上調整到入場價位之上 5 ～ 10%（105 ～ 110），也就是此時就算價格下跌，你也會賺 5 ～ 10% 出場（因為止損點一樣不可向下移動），這就是移動止損的概念（以上講的時候是作多，如果放空止損點就是往下調）。所以當價格漲到 120 的時候，此時我們在 105 ～ 110 設定止損點其實應該稱為「停利點」，因為在這個價位出場我們已經穩賺不賠了。

因此移動止損可以在市場行情大漲時，不會因為早已經設定固定的比例或是價位而出場，賺不到一波

大行情！就像不止損的話，一筆嚴重的虧損可以吃掉你好幾年的獲利，同樣的，不停利的話，一筆飆漲的資產可以讓你吃好幾個月甚至好幾年！所以這就是索羅斯講的「抓對投資部位，獲利毫無上限」背後的真諦。請記住：趨勢永遠比價位重要，趨勢結束時再出場即可，不用只賺 20% 就出場！

　　最後，不管現在你的部位是虧損或是獲利，在趨勢明顯出現改變時（通常這時候也會觸及到上調的移動止損點），一定要盡快出場，因為「順勢而為」是投資最重要的概念。

十三、套牢時就不可加碼，而應該嚴格執行止損！

我常講的散戶毛病就是以下三個症狀的綜合體：

1. 不敢追高，只想逢低加碼，結果越買越低，幹譙到無力⋯⋯。2008 年很多人就有這症狀。

2. 只會搞短線，賺個一點點就想跑，然後損失了一半還留著，說自己是在「長期投資」。

3. 永遠只會作多台股（有些人玩了 30 年台股卻沒放空過半次），不管國際局勢、通膨等宏觀經濟面，也沒有分散投資工具到其他種資產上。

請各位深自反省你的行為，如果有任何以上的症狀出現，建議要下猛藥治好才有變有錢的機會！

這一節來講為什麼不能逢低加碼：先假設你有一張在 100 元買進的股票，之後這標的到 90，你加碼買進一張，這時候你的平均成本＝（90 ＋ 100）/2 ＝

95，再過來我們假設股價向上或下跌都變動 5 塊錢：

1. 股價跌到 85，這時候你賠了 2×（95 － 85）＝
   20 塊→如果本來不加碼只損失 15 塊

2. 股價漲到 95，這時候你賺了 2×（95 － 95）＝
   0 塊

當已經下跌 10% 時，此時若是繼續上漲與下跌的幅度與機率都一樣，你的報酬 / 風險 ＝ 0/20 ＝ 0……

也就是說，有間賭場的狀況是：贏的話你沒拿回任何錢，輸的話賠 4/3 倍（上面例了中，虧損從 15 增加為 20），你要不要賭？偏偏就是很多人想不通！

另外幾個反對逢低加碼的理由：

1. 人在虧損被套牢之中的反應通常如下：

開始找有利自己的資料證明自己沒看錯行情→跌到無力不想看→發覺越跌越深→等到反彈之後就出清（這或許是長期多頭的開始……）或者賣在最低點。人在被套牢之後，所下的判斷由於都帶有情緒性，時常會誤判而不自知，這點也是反對逢低加碼的最重要理由。

2. 喪失資金的機會成本：

如果你把這些逢低加碼的資金拿去買進其他更可能會賺的標的，搞不好就可以賺回來，但你放在逢低加碼這邊，就喪失了另一個賺錢的可能。

以上，說完了。如果大家還不看趨勢就要逢低加碼，那請不用買我的書了，因為就算有我的分析，你不遵守紀律，往往賺十次之後一次大賠就全部賠掉了。

十四、短線交易的迷思

說實在的，台灣是個短視近利的社會，不僅政客如此，一般百姓也是如此。因此台灣的金融市場上也是短線交易主義盛行，少有人能提出較長期的看法。「短線交易致富論」似乎在台灣金融界是不敗顯學，今天我來分析一下短線交易有什麼問題：

1. 消耗大量手續費

若某人有 100 萬資產，每次投資 10 萬元進行短線交易，一次交易的手續費是 0.5%。那麼若這位投資者一年進行一百次交易，那麼一年下來手續費的損耗是 10 萬 ×0.5%×100 = 5 萬，等於是總資產的 5%！也就是說，**交易手續費越高、交易頻率越頻繁，對於總**

體資產的毀滅越大！

2. 短線交易有很多運氣成分

　　舉個例子來說：某人投擲硬幣 10 次，理論上正面發生的次數應該是 5 次，但由於樣本數（投擲次數）過小，所以真正發生剛好 5 次的次數會和理論預期值偏差較遠。但若某人投擲硬幣 1000 次，那麼正面出現的次數應該是 500 次，而且理論值和預期值的差距不會太大，這是因為樣本數已經放大到一定程度，此時累積的樣本正反面的分布具有「回歸平均值」的統計學現象。而投資上的樣本數就是時間，只有時間夠久，市場的扭曲和違背基本面的現象才會較容易被消除。這也就是為何短線投資者的勝率往往很難超過五成的原因，簡單講就是短線交易變數太多，投資等於是在亂猜；而長線上因為很多中低階層的變數會自我抵銷，因此投資勝率會較高。

3.多數人沒有太多時間進行短線交易

原因很簡單，那就是多數人還是需要工作，而工作時若一直分心在投資上，往往容易造成工作和投資兩邊不討好。所以市面上很多投資書籍一直鼓勵短線交易，問題在於多數人根本無法顧及，各位看了他們的書卻無法執行，有用嗎？

多數金融界人士鼓勵短線交易，箇中原因除了投民眾所好之外，主要原因是「這樣賺你的佣金比較快」，如此而已。

十五、利息或股利不會比標的物的價格上漲更重要

在五大類資產中，除了原物料沒有利息這類的附帶收益之外，其他的附帶收益都會帶給投資者額外的報酬。然而很多人常常本末倒置，認為「××標的的價下跌時我靠收利息（或股利、房租）可以撐到賺」，事實上有這個觀念的人通常是賠錢一族居多，尤其是現在眾多的「存股」族群，原因如下：

1. 標的物價格下跌常會伴隨附帶收益率的減少：

我有個朋友 1990 年時，在高雄市鳳山區（當時為高雄縣鳳山市）買進一間透天厝，當時恰好是台灣上一波房地產的最高點，之後幾年房價急跌，但是他沒有拋售而是以出租的方式想要硬撐，結果（經通膨調

整）租金收益到現在還補不回房價下跌的一半，因為房地產不景氣代表整體經濟不景氣，租金收益會有多高？回顧 2008 年，紐澳幣大幅下跌的時候一堆投資者沒有認清趨勢已經轉為空頭，而是進場大膽「逢低承接」，結果紐澳幣因為原物料大跌而連續減息，因此這些人可能撐兩年都還不一定回本。

以上兩個例子是在說明：當該標的下跌的時候可能前景已經變差，因此附帶收益率也會降低（甚至降到零），硬撐而不止損出場實非王道，此時應該遵守風險管理原則，盡速止損出場以免短痛變成長痛。

2. 價格波動往往遠大於利息所得：

以外匯市場而言，主要貨幣一年的漲跌幅約是 10 ～ 15%，這還不計算最高點到低點的距離。就算以南非幣利率最高的狀況約 8%，一年高低點相差約 25%（甚至更多）的波動表示約有 2/3 的人可能是虧損的。因此附帶收益既然是「附帶」的，就不該讓他變成主要收益來源。股票也是這樣，一年的高低點波動率會

遠大於股價，因此當我聽到有人說「算了，被套牢就放著收股利就好了」，而不是認賠出場，這種人長期下來會賺錢的機率是很低的。

十六、為什麼不要跟大家 「一窩蜂」？

　　人是一種群體性動物，我們在社會上不論透過外貌、金錢、個性、地位，其實都是為了獲得群體的認同。也因此在投資上，很多人也依賴媒體作為投資資訊的主要來源（甚至是唯一來源），但這常是造成投資人虧損的主因之一。因為媒體和人都是短視的，一個標的通常要漲跌幅非常大之後才會上媒體報導，所以若在媒體大幅報導漲幅「已經很大」時進場買進，或跌幅已經很大時進場放空，下場通常不是很好。為什麼？我們可以舉例子說明：假設地球上只有 10 個人，而這 10 個人都只有 1 元的資金可供投資，且地球上也只有一個投資標的（假設是某檔股票），那麼當第一個人持有股票、第二個人買進股票時，對於股價的推升效果是 100%（＝ 1/1）；當兩個人持有股票、第三個人

買進股票時，對於股價的推升效果是 50%（＝ 1/2）；以此類推，每多一人進場買進股票，對於股價的推升效果卻是越來越差。當地球上全部的人都已經持有一檔股票時，一定有較早期進場的人因為股價漲幅不小而想要賣股變現，但此時全部人都已經進場，因此情況變成賣盤很大、買盤很小，價格當然要崩盤。例如 2014 年第二季之後的房價就是這樣：因為多數有辦法買房或是想買房的人都已經進場，但房地產不管何時總有部分人要拋售，因此已進場的人越多，累積的賣壓就越大，而此時場外可以購買的人卻很少（因為多數有能力買房的人已經進場），此時要賣房地產的人遠超過要買房地產的人，房價怎麼不會下跌？

所以投資時，有「反市場思考」的心理很重要，而面對各種媒體的衝擊，很少有人不被說服而去進行錯誤的投資，因此個人**建議最好盡量不看新聞媒體，靠經濟數據和價格走勢這兩個最原始的數據才是獲利的王道**。試想：如果你有自己解讀數據的能力，為何要聽媒體的分析？何況這些分析和市場走勢往往有不小的時間落差。

十七、絕對不要相信「專家」
　　　的建議！

　　2008 年很多人輕信「專家」的言論，結果落得慘賠，到了 2016 年底又一堆人輕信「專家」言論，買進一堆美元資產，結果 2017 上半年不到 4 個月就虧損了 7%，這種例子不勝枚舉。實際上，我這幾年的理財經驗，上得了檯面的專家有 95% 以上都是「偽專家」，他們注重賺你的佣金遠大於你賺得了多少錢，他們晚上在銀行裡面關著練習如何推銷產品給你，而不是像我一樣長時間看盤之後才發表我的看法。為何我們很難遇到專家？其實有幾個原因：

1. 專家也會從眾

　　假設某個投資顧問公司有 10 位分析師，他們一起

針對一檔股票提出報告，其中9位分析師都看漲，剩下那位分析師若在報告中表現出看跌的觀點，那麼之後股票若上漲，這位分析師恐怕要失業；但若這位分析師轉為和大家一起看漲，屆時股票卻跌了，那也不大可能10個人一起失業，畢竟若大家都無法預測這次行情，就沒有一個人特別無能了。所以我有個分析師朋友，他的分析往往也有獨到的見解，但在公司內部寫出的報告卻往往和他內心想的不一樣，原因無他：就是「從眾」在職場比較安全而已。

2. 真正的專家往往不會在媒體現身，或不見得會講真話

金融界內部真正的操盤手對於投資的時間點和價位其實是不能透露的，因為這樣有洩密問題，可能會引起同行的對作，讓公司損失慘重，所以國內常見的基金「業配文」往往是由行銷部門的人分析投資局勢，但行銷部門畢竟不是公司真正的投資操盤手，所以各位讀者在電視上或雜誌上看到的「專家」，往往都不是投資專業而是「行銷專業」。另外，有些真正是「專

家」的人，在公開場合不見得會講出對行情的真正看法，這有諸多原因：一來是上文說到的從眾，畢竟如果和大家意見相同，錯了也不會太尷尬；二來是有些人的確有刻意坑殺讀者的嫌疑，但這種狀況在台灣的股票市場較容易發生，因為小型市場要控制相對容易。

3. 媒體篩選出來的專家本身就是一股熱潮的反應

美國有研究顯示：上電視時數越高的分析師，預測準確度越低。個人認為這牽涉到媒體生態的問題，因為媒體就是要製造群體起鬨的效應（請見「十八、媒體為什麼永遠是反指標？」），所以他們在股市最高點時會找股市專家上電視、石油市場最高點時會找石油專家上電視，如此而已。

至於如何辨識真正的專家和偽專家，有以下方法：

1. 他的投資部位是否與你相同

很多理專和分析師講了半天，他自己推銷的產品

和股票他半檔都沒買，你覺得這種專家可以信任嗎？

2. 他是否只會描述獲利（或美好的願景）而不說風險（或只對風險輕描淡寫）

金融市場上最重要的特徵就是永遠有「不確定性」。因此只要任何人跟你說這標的物穩賺不賠，你可以反問他：「你認為如果你預測錯誤，會損失多少％？」如果他支支吾吾或者說絕對不會預測錯誤，那這鐵定是位偽專家了。

3. 他花在看盤的時間是否比你少

如果這位「專家」只會說上星期價格多少，你問他今天價格多少他不知道，你會覺得他是專家嗎？

4. 他是否只會推銷自家的產品

真正的專家絕對不會只投資一樣產品，也不會只投資一個公司的產品，因為萬一發生像雷曼兄弟的事

情,可是會欲哭無淚的!因此要是這個專家只推薦某一類產品,那擺明就是為了賺你的佣金而已,偽專家的機率就很高了!最常見的例子就是股票分析師整天只會叫你進去買股票,漲的時候說要追高、跌的時候說要逢低加碼,難道這檔股票永遠都不會跌?而且很多投資人沒搞清楚的是,你沒買股票他怎麼會有收視率呢?

5. 他是否永遠只買進(作多)某產品而永遠不放空該產品

任何投資資產都有多頭和空頭,若是這專家好幾年都只會作多某類產品,例如台股分析師永遠只會叫大家趕快買股票,卻從來不提說股票是否即將步入空頭,該放空幾檔從中獲利,那這是偽專家的機率就更高了!

十八、媒體為什麼永遠是反指標？

　　德國的投資大師柯斯托蘭尼曾說過：「投機者（註：就是我們一般說的投資者）要像新聞記者一樣，靠著自己追蹤收集來的新聞維生，又必須像醫生一樣作出診斷。投機者、醫生、記者三種人當中，只有新聞記者可以一再出錯，還能擔任記者一職。」各位讀者朋友，連嚴謹的德國記者都可以「一再出錯」了，你對台灣的記者報導的財經新聞有相信的必要嗎？為什麼這些專家或者財經記者總是在最高點看漲、最低點看跌呢？原因如下：

1. 媒體需要一播出就有高收視率，而不是未來幾個月你才覺得它很準

動物的本性是一窩蜂，人當然也有從眾心態，因此媒體報導當時最熱門的投資標的才可以立刻拉高收視率，不然這媒體一年之後才說：「去年我們電視台報導的標的，經過一年已經漲了 30%」，搞不好那媒體早就倒了！因此當你在媒體頭版上看到某種資產大漲（或大跌）的報導時，表示該標的至少短線見頂（或見底）了。

2. 人通常相信可靠的消息來源，而不是可靠的理性分析

這點在心理學上稱為「說服效應」（Persuasion effect），也就是人類通常寧可相信權威的錯誤言論，而不願意相信一般人講的理性分析。因為人的深層想法是「反正我相信這媒體而錯誤，也有一堆人跟我一起錯，而且這些人有些肯定不是笨蛋，因此出錯的機率不高（或者說錯了也是大家一起錯）」，結果當市場走勢證明自己真的是笨蛋之後往往已經欲哭無淚了。

3. 媒體被大戶利用而不自知

通常媒體也不是財經專業，因為要是真正財經專業他就專門從事投資就好了，為什麼要辛苦跑新聞？因此在流動性較小的市場中，常常會有大戶藉由媒體釋放某種利多以便他們逢高賣出，這些大戶包括金融界、政界、專業投機客等，總之就是希望散戶去承接就是了。但是大戶操縱金融市場主要侷限於成交量小的市場（如台股），若是成交量大的市場大戶比較難用特定手段去操縱市場，但媒體在高點一窩蜂報導的現象還是存在的。

十九、定期定額的迷思

　　定期定額和只投資基金,是台灣投資人最常見的錯誤觀念。關於定期定額為什麼是錯誤的投資概念,分析如下:

1. 在上漲趨勢中,是在追高

　　追高沒有錯,因為投資本來就是要追逐趨勢而行,但是價格處於上漲趨勢時,一路定期定額會讓你的投資成本價大增,最後只要價格稍微一反轉,可能就由賺變賠。所以比較正確的方法應該是在底部多進場一些,等趨勢更確定上漲之後在途中的回檔加碼。

2. 在下跌趨勢之中，違反風險管理原則

　　這個在前文已經說明了，違反趨勢一直加碼的結果往往是越套越慘。因為只要市場不漲，你持有部位越多只會造成你虧損越嚴重，並不會讓你翻身。

3. 如果我不懂趨勢，就定期定額買基金？

　　這個也是金融界的「業配文」常見的說詞，事實上投資和賭博唯一不同的是：投資有趨勢可供判斷，賭博則沒有趨勢可供判斷，完全是隨機變動。所以如果你不知道趨勢或看不懂行情，應該持有現金、退場觀望，而不是盲目地投資。

二十、哪些投資商品不能碰？

2008 年很多人心中的痛就是：雷曼兄弟破產造成連動債血本無歸！其實我也曾經看過很多連動債或衍生性商品的宣傳資料，但這東西我根本不了解，而且他上面宣稱的報酬率，我直接用同樣一個貨幣的外匯存款就可辦到，為什麼要去買這些東西而不直接投資外匯存款即可？關於衍生性商品（連動債、儲蓄險、外幣保單、結構性商品等）的選擇原則有幾個：

1. 連結標的複雜的不要碰

並不是衍生性商品都不可以碰，重點在於你要清楚知道它是連結什麼產品或指數、能不能查到連結指數的走勢、這檔商品是否有定期公布淨值或價格，這

些都是關鍵。

2. 有閉鎖期的不要碰

有閉鎖期的商品有很大的風險就是：閉鎖期之內發生問題無法贖回或賣出變現。因此有閉鎖期的商品千萬不要買，以免中途發生意外，只能坐視虧損而後悔莫及。

3. 保證獲利越高或保本的不要碰

天下沒有白吃的午餐，這點大家都很清楚，但遇到投資的時候大家就會頭昏眼花，注重的都是股利或者利率這些蠅頭小利，至於更重要的事情：該標的是漲或跌反而都不去注意。金融界由於深知散戶的這個特性，因此總會設計一些「保本」或者「保證獲利」的商品來引誘各位去買。實際上，保本的商品常常是只保「外幣的本」，至於到期時該外幣對台幣是漲或跌，講難聽一點那是「你家的事」；而保證獲利越高

的商品，常常遇到虧損也越高，因為投資另一個定律是：有越高獲利可能的標的物也越有可能讓你賠光。因此碰到這些保本或者保證獲利的商品，不要看就是了。

4. 注意該商品說明書或 DM 上的小字

大家都有一些經驗就是，某些優惠常常下面會有小字註明該優惠的限制或者例外，而金融商品也是如此，看說明書或者 DM 的時候，越小的字往往是重點，會說明該商品的限制或者不理賠的狀況，請大家要特別注意！

5. 能夠用簡單的投資商品複製該績效的，就不要選用複雜的商品

前幾年我常常看到很多紐幣的投資商品，宣稱一年可以獲利 3% 或更高，實際上當時紐幣的外匯存款就可以達到這樣的獲利，而紐幣的外匯存款隨時都可

以出脫，這些複雜的商品可以嗎？投資在這點和為人
處事的方法一樣，就是可以簡單就不要搞得更複雜，
如此而已。

二十一、避開致命錯誤很重要！

　　關於人生的看法，有正面表列和負面表列兩種：所謂「正面表列」就是你應該做哪些事情才會成功，所謂「負面表列」就是你應該不做哪些事情才可以避免失敗。雖然現在市面上很多「心靈成長」書籍極力鼓吹正面表列的人生，實際上人生應該是負面表列才正確，因為人沒有全部成功的，只有誰失敗的比較少而已。例如朱元璋是中國唯一一個平民皇帝，但他早年曾經做過乞丐和牧童、兒子（太子朱標）比他早死、為了權力殺死一堆老友（多半是功臣），你說這樣的人生算 100% 成功？很多人都知道毒品、重大犯罪、重大健康或財務問題等是人生的致命傷，避開這些致命傷人生就會比較好過，而投資也是一樣的道理，沒有人在每個投資部位都是賺的。以下幾點我個人認為

是投資上的重大錯誤，如果能避開，那麼投資賠錢的機會就會少很多：

1. 重押單一投資（All-in）：

大致上總資產超過 50% 投資在同一類標的，就算是重押一投資，最常犯的錯誤就是滿手股票，這個已經說過多次，就不用再多說了。

2. 過度槓桿（融資）：

舉凡過度舉債買房、融資買股或高槓桿商品如權證、選擇權、外匯保證金等都是這類自殺行為之一。我不建議投資人操作槓桿，如果真的要操作槓桿，最好是投資經驗五年以上，而且建議槓桿比例在 20 倍以下（例如帳戶存進 1 萬台幣，實際操作 20 萬元資產），至於房貸負擔建議在年收入 12.5 倍以下。

3. 跟隨大眾的熱潮或悲觀氣氛：

這點已經多次說明了，請見「十八、媒體為什麼永遠是反指標？」。

總結

　　投資的路上，沒有人不會發生虧損，也就是所有預測都有錯誤的可能，因此無論你對預測多麼有信心，請務必先做好風險管理之後再進場投資。

Part 2

給年輕人理財的
額外建議

一、信用卡的使用

　　我 2009 年開始使用信用卡，在之前我十分排斥信用卡，因為以前我的觀念和長輩們一樣，有多少錢就用多少錢，為什麼去預支？其實信用卡只要在不亂買東西、不動用循環利息的前提下，有幾個妙用，列舉如下：

1. 有紅利積點
2. 有各種優惠
3. 先消費後付款，在通膨時代等於是賺到貨幣貶值財，也就是先鎖定購買物的價格

　　關於前兩點大家都知道，第三點我解釋如後：你今天消費了 500 元，用信用卡付款，一個半月之後的繳費期限內繳款。因為這幾年物價一直在上漲，一個

半月後的 500 元現金可能已經無法購買到同樣的貨品或服務（經濟學稱為貨幣的「購買力」降低），而此時你的款項還留在銀行裡面，你可以去作定存賺點利息。雖然現階段利息很少，但若日常開銷較大的人，用信用卡消費，一年之後通膨＋款項留在銀行的利息＋紅利積點，絕對比你銀行定存還好賺，這就是在通膨時代用信用卡「先消費後付款」的好處。因此日常生活如果可以用信用卡付款就用，因為這樣可以大大增加你現金調度的靈活性。但此方法如果在 2008 下半年的環境中就不適用了，因為此時物價下跌、現金升值（通縮），加上景氣很差因此失業可能性很高，這時候若先消費後付款，可能中途因為失業而付不出款項導致被循環利息咬死，那就得不償失了。

　　使用信用卡請記住：千萬不要動用到循環利息，那是吃人不吐骨頭且財務破產的開始，因此在消費之前，請先分清楚 Part 1 第一節敘述的什麼是「需要」而不只是「想要」，避免許多不必要的花費產生。

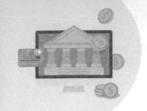

二、年輕時為什麼盡量不要買汽車或房子？

　　汽車或房地產常是財富的象徵，但是年輕人存款沒有超過 150 萬之前（當然要視薪水和工作穩定度而定），擁有車或房產卻被我視為一個禁忌。因為年輕時的重點是要累積足夠的資產，提早增加太多負債只是會讓你所剩無幾的存款更加速耗竭，也放棄了這些資金投資增值的可能性。我可以用現金流的概念來說明提早負債的壞處：你在今天立刻拿到的 1 萬元和一個月後拿到的 1 萬元是不一樣的，因為你現在拿到的 100 元可以去作投資（至少放銀行有利息），一個月之後可能會變成 100×× 元，但是你一個月後拿到的 1 萬元在當下就只是 1 萬元而已。因此年輕時負債，等

於提早放棄了一堆這些資金變大的可能性，這對人生
長期的財務規劃來講是不利的。

　　當然有些人的確需要房子以供居住或者要車子來
代步，我在這邊有幾個建議如下：

　　1. 以機車代替汽車

　　2. 真的需要汽車的話，買台二手的

　　3. 與家人或親戚同住

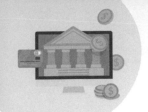

三、每年出國的預算要怎麼拿捏？

　　有些年輕人常常喜歡花大錢出國旅遊，實際上出國旅遊放鬆心情兼增廣見聞當然很好，但我個人認為一年出國旅遊的花費應該不超過年總所得的 10%。原因是這樣：通常 30 歲以下的年輕人收入不多，一年的投資風險應該控制在 15% 以下，也就是說你今年年收入 30 萬元，就算全部都投資，一年下來可能也只能賺4.5 萬元（何況這還沒考慮到生活開銷等問題），因此一年出國花費 3 萬元，就等於今年可能都沒賺到錢了！因此喜愛出國旅遊的年輕人，我建議還是要視個人收入而定，每年最多拿年所得的 10% 出國旅行，若真的要去遠程國家，就必須以數年的時間準備，畢竟認真工作和投資，這樣去玩也會更踏實啊！

四、基金和其他投資有什麼不同？

這幾年國內金融界最常推薦的投資工具就是基金（或者「專業分析師」認為永遠是多頭的台股），實際上基金在我眼中只分屬兩種資產，就是股票和債券[註1]，請各位記住：基金不是什麼神奇的投資工具，它就是找個「號稱專業」的經理人來幫你投資股票或債券，也就是**投資基金其實就是投資股票或債券，沒有什麼特別奧妙之處，近年來流行的 ETF 也是如此。基金和 ETF 都只是一種工具（tool），不是標的（target），而標的只有五種，就是股票、債券、外匯、原物料與房地產**[註2]。我們之前已經多次說過，**投資絕對不要在單一資產類別裡面超過 40%，因為既然所有的資產都有多空循環，那麼在一個資產類別放太多資**

金，就等於將風險集中，如果賺是賺很大，但如果賠就像 2008 年一樣萬念俱灰了。既然股票型基金就等於在投資股票，那麼有人居然一個月的淨現金流入幾乎都丟入基金之中，不會覺得風險太大了嗎？

　　第二個基金的缺點是：基金的標的物權重隨時都在改變。由於市面上的基金都是主動管理式基金，每天所包含的標的物（股票或債券）其實都不一樣，我們也不清楚經理人的操盤原則，因此好或壞的基金常常報酬率差異很大，這樣選擇基金就跟賭博沒什麼兩樣，這是基金的一大缺點。

　　第三個基金的缺點是：長期下來很少有經理人可以一直打敗大盤。因為再怎樣厲害的專業人士都很難考慮到所有的意外因素，所以經過國際上很多研究證明，長期下來很少有基金經理人可以一直打敗大盤，例如債券天王葛羅斯曾經連續 10 年都保持 10% 或更高的績效，但這幾年也是栽了跟斗。因此以這點來說，如果你看好能源產業，不如去買能源產業相關的 ETF（其實最好的方法是直接買進能源期貨相關的 ETF），因為標的物權重是固定的，這樣才可以排除人

為操盤的誤差，選到最好的投資標的物。

　　至於定期定額的缺點，我們已經在 Part 1 的
「十九、定期定額的迷思」說過了，請各位再往前文
回顧即可。

註 1：
目前國內的有少數幾檔追蹤原物料或多元資產的基金可以投資
期貨，但數量還不到 10 檔，而且績效不大穩定，因此投資價
值不高。

註 2：
國外金融市場有利率期貨，以央行升降息預期為標的進行投
資；而藝術品與收藏品也可以算是一種投資標的，但這幾類投
資標的的可用工具都較少，因此本書不予討論。

Part 3

重要的經濟
循環周期

一、三大景氣循環周期的比較及對投資的重要性

　　投資絕對不是傻傻地定期定額投資基金就可以成功的！**投資首先要了解景氣的循環、經濟的基本運作原理，之後建立投資紀律以及一貫的操作方法，再獲得長期穩定的報酬加上時間複利之下才能致富**。我個人的投資策略是全球宏觀投資，也就是說由上而下的選擇資產類別或國家來進行投資，而不是從小尺度的產業面開始研究。執行全球宏觀投資最有名的投資者是索羅斯和羅傑斯，他們兩個在 2008 年都沒有損失還有賺錢（筆者 2008 年也是賺錢的），因此經過 2008 年的教訓之後，很多人開始領悟到「總體（宏觀）經濟的重要性遠大於個體經濟（如公司的營收）」。

　　至於「宏觀投資」，最重要的就是確定目前全世界主要資產和景氣位於循環的哪個位置，也就是這種

循環幾年一次、現在是上升或下降周期、是否接近轉折點。目前經濟學家已經大致釐清了所謂的「景氣循環」事實上包含三種循環,其中存貨循環牽涉到各種零組件存貨,資本支出循環牽涉到機械及廠房設備的汰換,房地產循環則是影響到整個營建活動和房地產價格,請見表 3-1:

表 3-1:三種主要經濟循環周期的比較表

	存貨循環	資本支出循環	房地產循環
循環周期 (兩高點時間差)	平均 4.5 年	平均 9 年 (7 ～ 11 年)	平均 18 年 (15 ～ 23 年)
震盪幅度 (垂直落差)	小	中～大	大～極大
衰退期	無～極短暫	2 ～ 2.5 年	3 ～ 3.5 年
衰退嚴重時 特徵[註1]	無	現金偏好 流動性陷阱	現金偏好 流動性陷阱 債務型通貨緊縮

　　各位可以想像整個經濟體就是一部機器,這部機器有三個活塞,當這三個活塞同時到最高點或最低點時,就是整體景氣的最高峰或谷底。根據研究,這些

循環的確會傾向同步化：也就是說第四個存貨循環的高峰（或谷底）會和第二個資本支出循環的高峰（或谷底）、第一個房地產循環的高峰（或谷底）同時出現，也就是全球景氣大概 18 年左右（3 種循環周期的最小公倍數）會有一次高峰和緊接之後的崩盤。因此 1973 ～ 1975、1990 ～ 1991、2007 ～ 2009 剛好是這三個循環同時到達谷底的時候，於是產生嚴重的經濟衰退。

全世界主要的景氣循環的谷底，請參考表 3-2：

表 3-2：1970 年以來的全球衰退及相對應的經濟循環

年代（景氣下滑階段）	那些循環的谷底
1973 ～ 1975	存貨＋資本支出＋房地產
1980 ～ 1982	存貨＋資本支出
1990 ～ 1991	存貨＋資本支出＋房地產
2000 ～ 2001	存貨＋資本支出
2007 ～ 2009	存貨＋資本支出＋房地產

由以上的循環周期可以有下列的推論：

1. 上次全世界房地產不景氣是在 1990 ～ 1991，
   而這 3 種景氣循環的最小公倍數是 18 年，因此
   2008 年剛好是景氣衰退期是事先即可預估的。

2. 上一次資本支出循環的最高點在 2006 ～ 2007，
   最低點約在 2008 ～ 2009，而存貨循環約 7 ～
   11 年有一個高點或低點，因此可推論 2013 ～
   2018 有下一次資本支出循環的最高點，最低點
   約在 2015 ～ 2020。由於過去幾年景氣處於上
   升階段，因此未來需要特別小心景氣下滑甚至
   崩盤的風險。

這邊稍為解釋一下房地產的重要性：

1. 它是很多美國人的消費性融資來源，因此當房
   價大跌影響到美國人可以借的消費性貸款金
   額，美國人必定會大量減少消費，經濟必定會
   衰退。

2. 房地產和相關的建築活動約影響到 10% 的經濟

活動，這些經濟活動又牽涉到相當多產業，包括鋼筋（鋼鐵業）、水泥（又牽涉到煤炭、運輸）、家具（木材及鋼鐵）、機械設備（資本支出）、管路（塑膠及鋼鐵、電纜、煉銅），所以房地產衰退必定牽涉到非常多產業的衰退。

3. 房地產衰退之後，多半會造成銀行的呆帳大增，因此銀行放款意願減少所以極易造成金融體系的系統性風險，這又會造成現金偏好、流動性陷阱、債務型通貨緊縮等大問題，相信這些問題大家已經在 2008 年的新聞都看了一堆，只是沒有這些專業術語而已。

有了這些走勢預估，大家在交易時的信心就會增加很多了。本書 Part 4「五大類資產簡介」就會介紹各種資產的循環周期，請大家繼續耐心看下去吧！

註 1：

現金偏好：景氣衰退時，民眾因為對未來悲觀或收入減少，於是開始囤積現金不願意消費與投資的現象。

流動性陷阱：景氣衰退時，縱使央行已經把利率降到幾乎＝ 0，但銀行仍然因為景氣很差而囤積現金不放款，使得經濟因為缺乏貨幣而更加衰退。

債務型通貨緊縮：景氣衰退時，多數人購買力降低，所以導致物價下跌（通貨緊縮），造成現金升值，導致原來的負債更難償還（也就是債務變更貴了）。

Part 4

五大類資產——股、債、匯、原物料與房地產介紹

導論：五大類資產的基本性質及綜合比較

　　全世界的「資產類別」主要有以下 5 種[註1]：股票（stocks）、債券（bonds）、外匯（foreign exchange，或簡寫為 forex）、原物料（commodities）、房地產（real estate）。其他多數名詞都是「投資工具」，並非獨特的「資產類別」，如「股票型基金」就是雇用經理人代為操作股票，而台灣 50 這檔 ETF 其實也是透過金融公司幫你投資股票，所以這兩種投資工具最終投資的資產類別都還是股票。當有人硬要說投資股票型基金或台灣 50 與投資股票有何不同，例如用筷子或叉子吃麵，你卻強辯說吃進去的食物不同，這不是很荒謬嗎？因為我們知道飯或麵才是「食物類別」，而筷子或叉子只是「工具」。**所以很多台灣投資人在金融界的錯誤宣傳之下，認為基金是一種非常特別的**

投資類別，實際上股票型基金就是股票，債券型基金就是債券，基金只是幫你投資這些東西的工具，除了多了些手續費之外，分析這些基金的方法其實就是和它對應的資產類別一樣，沒有什麼特別之處。

這五大類資產又可以分為金融資產和實體資產：金融資產包括債券和股票，實體資產包括原物料和房地產，至於外匯是兩個貨幣之間的兌換率，因此無法歸類在這兩類之中。實體資產相對於金融性資產有以下優點：

1. 金融資產可能價格會跌到 0，但實體資產不會

股票和債券都有可能能跌到 0。以股票而言，巴菲特的長期價值投資概念很難在台灣實現，因為台灣經濟規模小，產業規模也不大，不然就是產品的淘汰速率很快，所以導致台灣的股票很容易一窩蜂炒熱，之後公司不是棄之如敝屣就是下市。就算美國道瓊工業指數成立 100 多年以來，至今也只有一檔成分股還在（通用電器，General Electric Company），這檔股票

當初誰能夠預料到？但是黃金、房地產除非地震、火災或是被竊，否則總能夠賣到一定的價格，這就是為什麼每次股票崩盤時黃金會上漲的原因，因為黃金價格永遠不會歸零。

2. 實體資產有實際用途，金融資產只能轉賣

如果發生股票大跌，股票有可能無法賣出，但是房子可以提供自住、黃金可以打成金飾，實體資產總會有些許用途的。

當然，實體資產也有缺點：

1. 較不易轉賣

多數實體資產變現需較久時間或特殊管道，例如金條需賣給銀樓、房地產買賣更需有相關法律程序或專業人士協助，但目前有不少實體資產金融化的產品（黃金存摺、REITs），可以簡化相關買賣時間或流程。

2. 無法產生現金流（股利、利息或租金）

多數金融資產可以產生股利或利息，但原物料類
資產幾乎無法產生股利或利息，除了房地產可以收租
之外。

五大類資產的性質整理如表 4-1：

表 4-1：**五大類資產的性質比較**
（只考慮直接投資或相關基金、ETF，不考慮有融資、期貨或選擇權等
槓桿投資）

	股票	債券	外匯	原物料	房地產
定價思維	絕對價值	絕對價值	**相對價值**	絕對價值	絕對價值
流動性（可變現性）	低～高	低～高	**中～極高**	低～高（貴金屬最高）	低～極低（REITs 中～高）
主要價格影響因子	人口結構是影響所有資產長期價格最重要的因素				
	本益比現金殖利率（與債券殖利率比較）	利率預期通膨預期	利差預期風險規避情緒	供需實質利率美元走勢	房價/國民收入建築成本地段價值利率及通膨預期

風險或獲利	中～高	低～中	低～中	中～高	**中偏高～極高**
獲利來源	價格上漲 股利（不一定有）	價格上漲 利息（幾乎都有）	價格上漲 利息	價格上漲	價格上漲 租金
最低 所需資本	低	高 （債券基金低）	**低**	**低**	高至極高 （REITs 中）
最佳 進場時機	景氣谷底前	通膨高峰前	視情況而定	美元貶值 需求＞供應	人口結構 年輕國家 遇到房地產 崩盤
上次 大多頭時期	1982 ～ 2000	1981 ～ 20×× ？	美元多頭： 2008 ～ 2017 美元空頭： 2017 ～ ？	1968～1982、 2000～2011？	1992 ～ 2006
大多頭 平均持續時間	12 ～ 23 年 平均 18 年	20 ～ 40 年	美元多頭： 5 ～ 8 年 美元空頭： 6 ～ 8 年	12 ～ 23 年 平均 18 年	12 ～ 24 年 平均 18 年
通貨膨脹上漲 時的反應	先↑後↓	↓	視貨幣對而定，通常高通膨時期美元貶值	↑	先↑後↓ 比股票早反轉
可否放空	**可**	可	可	可	僅 REITs 與營建股可放空

以下針對幾點說明：

1. 定價思維：

這點是在討論市場對於某資產價格的基本評定原則是「絕對」還是「相對」，例如你問「歐元價格多少」並沒有意義，應該是問「歐元對台幣」或「歐元對美元」才有意義，也就是說匯率是兩個貨幣的「比價」，而不是單一的絕對數值。所以**在外匯上，說某貨幣基本面差並沒有意義，要是美國更差，該貨幣兌美元仍然有可能升值。**

2. 流動性：

經濟學上的流動性有兩個意思：一個是貨幣的數量，一個是該資產是否容易變現，我們這邊討論的是後者。很多人應該經歷過 2008 下半年股市狂跌，但股票卻怎麼也賣不掉的慘痛經驗，這時候我們就可以說「台股的流動性很差」。由於台股是小型市場，因此在市場大跌時常會發生這種情形。而我們知道房地產是五大類資產中流動性最差的，黃金和外匯則是最佳的。因此在資產配置時也要考慮到流動性的問題，因

為當你需要流動性的時候，往往就是流動性最缺乏的時候。

3. 股票現金殖利率（與債券殖利率比較）

債券基本上是最安全的投資（高通膨時代例外），因此當一張債券的殖利率 5%，而你投資股票長期的預期報酬也只有 5%，你會去買一年內價格上下波動 30% 的股票而放棄波動可能 10% 不到的債券嗎？

4. 利差預期、風險規避情緒：

在外匯這個章節會有詳細說明。

5. 連動性：

兩個資產之間的價格走勢是否有同步化的情形，又稱為相關性。例如金上漲時、銀也常一起漲，兩者就是有正連動性（或正相關性）；若兩者常一漲一跌，則可以稱為負連動性（或負相關性）。

　　整體而言，股票會受到大家青睞，是因為它兼具
適當的流動性、中至高的獲利可能性，債券則是股票
的反向避險（當然有時候債券與股票齊漲齊跌），也
提供一個穩定的收益。至於外匯則是以較低的波動性、
相對定價的思維成為最容易入手的資產，而原物料和
房地產都喜歡高通膨。所以五大類資就像好的工作團
隊：有些人思想開放、喜歡創新，有些是穩健持重、
擅長守成，互相搭配才能讓整體資產穩健成長。

一、股票：迷思最多的資產

　　股票是最常見的投資標的，但多數人對股票的誤解也最多。我們就來了解股票是什麼吧！

股票是什麼

　　股票（stocks）是股份公司為籌集資金發給投資者（或稱為「股東」）作為公司資本所有權的憑證。成為股東可能可以獲得股息（或稱「股利」），並分享公司成長或市場波動帶來的利潤；但也可能要共同承擔公司運作錯誤所帶來的風險。而股份公司另外兩種籌措資金的常見方式為發行債券與銀行借貸，但這兩種方法都無法參與公司經營。

報價網站（全球主要股市）

https://www.investing.com/indices/major-indices

股票的優點

1. 漲跌大，易快速獲利：

雖然股市大盤一天的漲跌不常超過 1%，但多數個股一天漲跌 1% 以上非常常見，相比主要貨幣對美元的匯率一天波動通常不超過 0.7%，兩者差別不小。

2. 交易金額門檻不高：

以台灣的股票市場為例，若一檔個股股價是 20 元，一張股票（= 1000 股）就是兩萬元，這是多數人都可以負擔的金額。

3. 題材表現種類多：

一國的股票市場通常範圍非常多樣化，例如台灣雖然以電子股與金融股為主，但也有很多業務範圍較特殊的個股，例如資源回收、喜宴經營、KTV，這些都可以提供非常多樣化的投資主題選擇。

股票的缺點

1. 漲跌大，賠錢也很快：

我們之前在 Part 1 說過：漲 10% 之後再跌 10%
（$100 \times 1.1 \times 0.9 = 99$），最後其實是賠了 1%。所以
股票容易快速獲利的同時也容易快速虧損。

2. 若牽涉到個股，須熟悉財務報表與許多微觀因
素，耗費大量時間及精力：

多數股票投資人多少會投資個股（而不完全是追
蹤大盤的 ETF），然而投資個股需要耗費大量時間篩
選：首先我們必須先研究全球經濟，之後再研究該國
或這個產業的經濟，繼續再對該公司的財報、經營策
略、管理階層甚至一些枝微末節的事項再三確認，但
是研究這麼多的結果往往又不敵全球經濟一個小小的
波動，可以說是吃力不討好的工作。

3. 流動性（成交量）小的股票市場很容易被人為
炒作：

小型股票一天成交金額可能不超過幾百萬台幣，

所以特別容易被特定人士或集團操控股價，所以中小型個股的投資公平性有很大的問題。

常見的股票迷思

1. 股市是全世界最大或最重要的資本市場：

全世界最大或最重要的資本市場都不是股票。最大的資本市場是外匯市場，因為外匯市場半個月的成交量就可以買下全世界一年的GDP，甚至連債券市場的成交量都比股市大得多。至於最重要的市場不是房地產就是外匯，因為房地產及相關的建築活動大概支配10%的經濟活動；至於外匯也有重大影響：本國貨幣過度升值會讓出口商受害或帶動國內資產泡沫，本國貨幣過度貶值則全民都飽受通膨之苦，影響力遠比股票市場大得多。

2. 股票任何年代都可以「長期」投資（＞5年）或股票「長期」而言都會上漲：

股市長期而言不是都會上漲，例如美國道瓊工業指數在 1929 年漲到 381.17 的空前高點，之後 1932 年因大蕭條造成的崩盤而跌到 41.22 點，當道瓊工業指數

再度回復到 1929 的高點，已經是 25 年之後的 1954 年了（圖 4-1）！後來在 1970 年代的股市也是如此（圖 4-2）：道瓊指數在 1966 年創下 995.15 的高點之後，之後到 1982 年，16 年之間最高不過 1051.7（也就是說最多只漲了 5.68%），而且在了 1979 收盤時跌到 838.74，也就是說經過 13 年多股市還小幅下跌，而這段時間美國的累積通貨膨脹率超過一倍，也就是股市的實質購買力經過了 10 多年只剩不到一半！

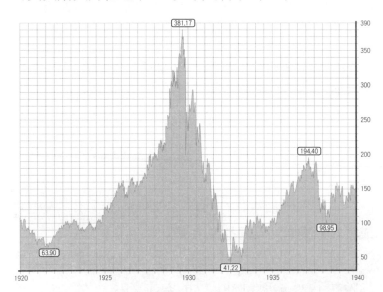

圖 4-1：1920 ～ 1940 的道瓊工業指數，從 1929 ～ 1932 創下有史以來最大的跌幅，高達 89 ！

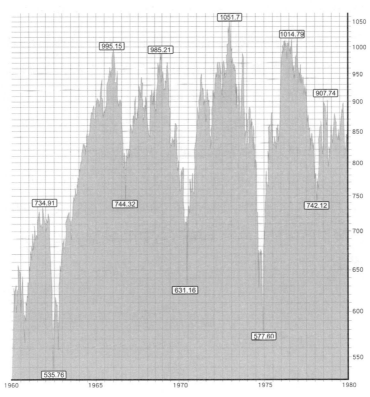

圖 4-2：1960 ～ 1980 的道瓊工業指數

3. 股票可以擊敗通膨：

**股票可以擊敗通膨，但是只能擊敗中低度的通
膨**，因為金融性資產在高通膨時代表現會比實體性

資產差。而股票雖然因為公司持有土地、廠房、原料等實體資產,因此相對債券而言,對抗通膨的效果較佳。**但不論股票或債券,遇到真正的高通膨時代,績效仍然遠遠落後於原物料**。最明顯的例子就是上文說到的 1966 ～ 1982 年,這十多年是高通貨膨脹的年代(兩次石油危機),黃金從 1971 年的 35 美元 / 盎司暴漲到 1980 年的 880 美元 / 盎司,漲了 20 多倍,石油也同樣暴漲了 20 多倍,而這段時間的道瓊指數卻是在六次空頭(＞ 20% 跌幅)之中損失慘重。

4.「長期」而言,股票是「最佳」的資產類別:

長期而言,股票不一定是最佳的資產類別,因為股票會跌到下市,但是原物料、房地產不會。這就是為什麼 2008 年的崩盤,黃金全年還能上漲的原因。

股市的長期循環及成因

經濟成長率和通貨膨脹是兩個最重要的經濟指

標，而通貨膨脹率又往往被原物料價格左右。當原物
料價格大漲，通常會造成高通膨，高通膨則會促使央
行升息，也會減少民眾消費，因此對股市不利。**所以
股市與原物料往往形成交替循環：也就是原物料大多
頭時股市通常表現不佳；原物料空頭或盤底時，股市
表現較好。**研究歷史，可以發現從十九世紀下半葉以
來美國的股市或原物料的多頭每次平均持續約 **18 年
（從 12 ～ 23 年都有可能），也就是同一個資產的兩
個高點（或兩個低點）之間距離約 27 ～ 40 年**，請參
考表 4-2：

表 4-2：美國股市與原物料的多空循環

時間	股票或原物料 何者表現較佳	主要事件及年代
1877 ～ 1901 （持續 24 年）	股票	1907 美國銀行業危機
1897 ～ 1921 （持續 24 年）	原物料	1914 ～ 1918 第一次世界大戰

1921 ~ 1929 （持續 8 年）	股票	1929 美國股市崩盤，之後進入大蕭條時期
1933 ~ 1950 （持續 27 年）	原物料	1933 美國禁止人民持有黃金，並把美元對黃金貶值 69%（為了應付大蕭條） 1937 ~ 1945 第二次世界大戰 1944 布列敦森林協議開始實施
1949 ~ 1966 （持續 17 年）	股票	
1968 ~ 1982 （持續 14 年）	原物料	1959 ~ 1975 越戰（美國赤字大增） 1971 布列敦森林協議瓦解 1973 ~ 1974 第一次石油危機（以阿戰爭、石油禁運） 1979 ~ 1981 第二次石油危機（伊朗伊斯蘭教革命、蘇聯入侵阿富汗、兩伊戰爭、伊朗人質危機）
1982 ~ 2000 （持續 18 年）	股票	1987 股市崩盤 1990 蘇聯解體、全球房地產崩盤
1999 ~ 2011 ？ （已持續 12 年）	原物料	2000 網路科技泡沫、股市崩盤 2001 911 事件 2003 ~ 2011 第二次伊拉克戰爭（美國赤字大增） 2008 次貸危機，房地產及股市崩盤 2009 中國及印度央行宣布增持黃金儲備

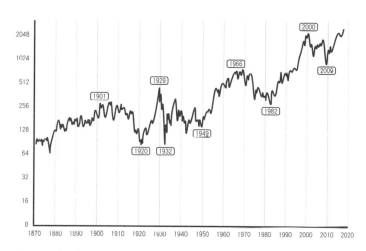

圖4-3：美國標準普爾500指數（S&P500）的通膨調整價格（1870～2017/6）

股票的重要指標：本益比、殖利率

　　假設你以資本額 100 萬獨資開一間餐廳，第一年餐廳的淨利潤是 10 萬台幣，若這間餐廳的股份為 1 萬股，那麼每股的股價是 100 萬 /1 萬＝ 100，則每股的淨利潤（Earnings Per Share，EPS）＝ 10 萬元 /1 萬股＝ 10，那麼本益比計算如下：

　　本益比＝ price/earnings ratio（P/E ratio 或 PER）

＝股價 /EPS ＝ 100/10 ＝ 10

通常本益比在 14 倍以下，買進股票的風險較低，本益比超過 18 倍則不建議購買，超過 20 倍則需盡速拋售。

至於股票的殖利率（或稱配息率），就是每張股票每年配息的百分比，公式如下：

股息殖利率＝配發股息 / 股價

以上兩個公式的股價都可以用一段時間的平均股價計算，例如當年平均股價。通常股票的殖利率會比定存或債券高，這是因為股價波動較大，需要用較高的配息率彌補投資人股價波動的風險。

諾貝爾經濟學獎得主、耶魯大學經濟學系的席勒（Robert Shiller）教授曾將美國標準普爾 500 指數（S&P500）的本益比經通膨與移動平均調整之後改良成「循環調整本益比」（Cyclic Adjusted P/E，簡稱 CAPE），這個指標是目前評估股市高估或低估的重要指標，可以當作股市投資的長期依據。根據 CAPE，股市兩個相鄰高點（或低點）也是距離約 27 ～ 40 年，例如 1901 ～ 1929、1929 ～ 1966、1966 ～ 2000，與上

一節提到的股市循環一致。

圖 4-4：美國標準普爾 500 指數（S&P500）的循環調整本益比
（1881/1 ～ 2017/6，資料來源：httpwww.econ.yale.edu ～ shillerdata.
htm）

股市的投資工具

在國內和美國開設證券帳戶，就可以投資很多
國家的股市與股票型 ETF，例如台灣的股市帳戶目
前已經有追蹤中、日、韓、印度、美、歐洲等國股市
的 ETF。至於美國證券市場的 ETF 種類就更廣泛了，

而且現在有不少券商都有中文平台，我個人是使用史考特帳戶，詳細開戶情形參考我部落格的這篇文章：http://blog.xuite.net/sandpiper/FX/32795693

世界各國主要股票指數簡介

1. 美國：

美國是世界的強權，它的股票市場的市值是全世界最大的，其中最具代表性的就是道瓊工業指數（Dow Jones Industrial Average，簡稱：DJI，代號：$DJI），這個指數涵蓋了 30 家公司，例如蘋果、麥當勞、IBM、3M、波音、Intel 都是道瓊工業指數的成分股，這些知名的公司業務遍布世界各地，因此道瓊工業指數就成為世界上最具影響力的股票指數。由於道瓊只涵蓋了 30 檔股票，因此標準普爾 500 指數（Standard & Poor's 500 index，簡稱：標普 500、S&P 500，代號：SPX）通常更能涵蓋美國或全球的整體狀況，由於標普 500 等於是道瓊的 30 檔成分股加另外 470 檔股票，因此兩者走勢相反的時候並不多。另外全世界

高科技類股的重鎮——那斯達克指數（National Associa-
tion of Securities Dealers Automated Quotations system，
簡稱：NASDAQ，代號：$COPM）以及費城半導體指
數（PHLX Semiconductor Sector，簡稱：費半，代號：
$SOX），和台股的連動性相當高，有投資台股的人需
多加注意這兩個指數的表現。

2. 歐洲：

英法德三強仍然是歐洲市場的核心。英國最重要
的股價指數為金融時報百股指數（或音譯為富時 100
指數，Financial Times Stock Exchange 100 Index，FTSE
100 Index），德國則為 DAX 指數，法國則為 CAC 指數，
其他如俄羅斯 RTS 指數在能源市場、瑞士 SMI 指數在
醫藥業及金融業均有相當的重要性。

3. 亞太地區：

亞洲最重要的指數仍然是日本的日經 225 指數
（Nikkei225，簡稱「日經指數」），但上海證券交易
所綜合股價指數（SSE Composite Index，簡稱「上證

指數」）這幾年在原物料市場的影響力與日俱增，不過整體而言，中國股市除非有特殊的暴跌或暴漲，否則對於全球其他金融市場影響並不是很大。其他如香港恆生指數（Hang Seng Index，簡稱：HSI）、南韓 KOSPI、新加坡海峽時報指數（Straits Times Index，簡稱：STI）、紐澳兩國的指數、印度 BSE SENSEX30 及 NIFTY 50 指數都有相當的地位，而台灣的股價指數則是全世界電子股權重最大的指數之一，所以和美國的 NASDAQ 及費城半導體有高度相關性。

4. 其他新興市場：

巴西 BOVESPA 指數深受原物料市場的影響，南非的 JSE 指數在貴金屬和煤礦產業上也有相當的重要性。這幾年隨著東南亞的崛起，印尼、菲律賓和越南等國的股票市場也越來越受到重視。

投資股市的宏觀觀點

股市在很多時候也可以展現宏觀觀點，例如美元

貶值容易造成通貨膨脹上升，此時原物料類股或房地
產類股通常表現較好，因為房地產或原物料都是實體
資產，在通膨上升時通常表現較佳，所以這類的股票
業績成長潛力較高，股價自然容易上漲。而美國是科
技大國，因此資金若湧入科技股，美元也會隨之升值。
因此美元升值時，科技股通常是表現較好的股票，例
如 2012 ～ 2016 美元上漲，FB、亞馬遜、Netflix 與
Google 等科技股表現就非常亮眼。

　　最後還是一句話，這世界上不是只有股票可以致
富，而且千萬不要只作多股票，適時放空有時可以賺
大錢。

二、債券：不一定是低風險投資

　　債券是股票最常見的「搭檔」，通常多數人認為股票是較為「攻擊型」的資產，也就是可以提供較大的價格上漲和股利所得；而債券則是「防禦型」的資產，因為債券往往有較低的價格波動但也有較穩定的利息所得。事實上，上述性質往往要看當時的經濟狀況而定，債券也有波動很大且表現不好的時候。就讓我們一起來了解債券吧！

債券是什麼

　　債券（bonds）是發行者（通常是政府或民間企業）為了籌集資金而發行一種有價證券，通常有固定配息金額與時間及約定的到期日，發行後票面價格及利率

會隨市場行情波動，債券期滿（到期日）時支付投資者最後一次利息與本金。例如美國國債就是美國政府發行的借款憑證，所以美國政府會在固定時段配發利息給投資者，而到期日時美國政府會支付最後一次本金與利息。其實多數人選擇在到期日之前把債券賣出（有時可賺取價差）而並非持有到期，這種投資方法稱為「債券主動型投資」，債券基金就是採用這種方式替大家操盤。

債券的分類

1. 按發行機構分類：

政府債或公司債，分別由政府（可由中央或地方政府）及民間公司發行，例如美國聯邦政府發行的稱為美國國債（Treasury bond）。

2. 按信用評等分類：

投資等級債券、垃圾債券（junk bond，或稱高收益債 high-yield bond），分別是信用評等較高與較低的機構發行的。

3. 按到期期限分類：

短、中、長期債券，各種分類方法的界定期限不一。

報價網站

美國國債：https://www.investing.com/rates-bonds/usa-government-bonds?maturity_from ＝ 40&maturity_to ＝ 290

世界各國國債：

https://www.investing.com/rates-bonds/world-government-bonds

債券的優點

1. 漲跌小，多數時間適合較保守的投資人：

債券的波動性通常較股票小，通常單日漲跌幅不到股票市場的一半，適合較保守的投資者，不過並不是永遠如此。因為債券固定配息的特性，因此對通膨與利率變動特別敏感，若通膨或利率上升快速的時候，債券價格損失會比股市嚴重許多，不可不防。

2. 有固定配息：

固定的配息率是債券最吸引人的一點，但需注意債券價格的波動遠大於現金殖利率（配息率），避免賺了配息卻賠了價格。

3. 可以了解利率走勢（可應用在定存上）：

資本市場的血液是資金，而資金的成本是利率，市場對未來利率的預期會反應在債券殖利率的漲跌上，所以了解債券利率和價格的走勢（尤其是美國國債的殖利率），對於研判所有市場的變動都非常有幫助。舉例來說：2017 年 6 ～ 7 月歐美科技股大跌的一個因素就是德國和美國債券殖利率大漲，導致企業資金成本上漲，影響到科技股營收展望。

4. 已開發國家的國債是通縮時期唯一會升值的投資：

若發生通貨緊縮，大部分資產價格都會下跌，但已開發國家的國債在這時卻會上漲，尤其是美國國債

更常是股市暴跌的避險標的。

債券的缺點

1. 對通膨或或利率上升完全無抵抗力：

債券由於是固定利率的投資產品，所以特別害怕通膨上漲。因為通膨上漲時，債券配發的固定利息無法隨之調整，因此這些利息的購買力會大幅縮水；而利率上漲時由於債券在發行時利率已經固定，這兩種情況都會讓市場拋售債券，導致債券價格下跌。

2. 交易金額門檻較高：

債券通常是大戶的交易標的，一張債券動輒要 10 萬台幣以上才能購買，對於一般低收入者難以負擔。

債券是股市之外，基金最常投資的資產類別。原因是流動性（可變現性）佳，且在某些時段可以規避股市下跌的風險，然而很多人卻對債券完全不了解。我先簡介一下，到底什麼是債券：

**債券就是國家或其他機構等融資（借錢）的一種
固定收益（Fixed income）憑證。**

當一個公司或是國家要對外借款，通常有 3 種方
法，就是發行股票（國家無法發行股票）、發行債券
以及找銀行團借貸。而發行股票有時候會被某些有心
人士收購藉此影響公司營運，找銀行借貸又曠日廢時
且利率可能較高，因此有些公司、國家或機構就會發
行債券來融資。因此債券就是一種有固定年限、固定
利率的借款憑證，而債券多半發行時利率就已固定，
也有票面價格會隨市場行情波動，並按當初議定的期
限定期交付利息給債券持有者，期滿之後交付最後一
次利息及本金給持有者。很多人對於上文說的債券「通
常有固定配息率」，之後卻又說到「發行後票面價格
及利率會隨市場行情波動」無法理解，此處解釋如下：

舉例：

美國十年期國債利率為 2%，若之後美國十年期國
債的利率升到 5%，求這張債券價格會下跌多少？

設原來債券價格為 100，殖率率上升之後的債券

價格為 X，因為配息金額固定，所以計算方法如下：

$2\% \times 100 = 5\% \times X \rightarrow X = 40$

也就是這張債券的價格會損失 60%……。

因為一張債券無論價格或利率怎麼變動，配息金額都是固定的，所以我們可以導出債券價格和利率（通常稱為殖利率）的公式如下[註2]：

原來殖利率 × 原來的債券價格＝未來殖利率 × 未來的債券價格

由上例可歸納出幾點：

1. 債券價格的波動會遠高於債券利率的波動，而兩者反向波動。

2. 利率上漲同樣的百分比（如 2% 變成 5% 與 6% 變成 9%）時，原來的殖利率越低的債券，價格下跌越大。如一張 6% 的債券，殖利率升到 9% 時，會虧損 33.34%；遠低於 2% 的債券殖利率變為 5% 時，價格虧損 60%。

因此投資債券主要就有幾個風險：

1. 債券發行機構或國家破產或倒閉的風險：

這種風險的專業術語稱為「信用風險」或「違

約」。債券發行機構如果破產，投資者將無法收回本金，如 2010 年 2 ～ 5 月，希臘就被市場認為可能會破產，因此債券價格狂跌、殖利率狂漲。這是因為此時發行者需要提高利率以吸引市場購買風險變高後的債券，因此債券的殖利率會上漲，但此時利率的上漲無法抵銷價格的下跌，所以仍然會造成投資人虧損。因此希臘當年的情況和信用破產的人，向別人借貸時一定會被放款者索取高利率的道理是相同的。

因為每個債券發行機構或國家的財務狀況不同，因此有些公司（「信用評等公司」）會評估這些發行者的「信用評等」（credit rating）。所謂信用評等就是發行者還款能力的總體評估，這很類似個人辦理信用卡時，銀行對此人還款能力的評估。但信用評等高債券也不一定就是不會違約，只是可能違約機率較低。

2. 通膨與利率上升的風險：

這種風險的專業術語稱為「通膨風險」或「利率風險」。由於債券是固定配息的投資產品，因此央行升息之後，新債券發行的利率會上漲，那麼舊的債券

就會被市場拋售而導致價格下跌，造成投資者的損失，因此債券就成為五大類資產中對於利率上升最敏感的種類。所以專業的債券投資人往往是預測利率趨勢最強的高手。由於美國是世界最大的經濟體，而利率又對經濟的影響如此廣泛，因此美國的利率是主宰世界資產最重要的宏觀因素之一，了解美國國債的殖利率走勢就非常重要。

所以當今全世界利率這麼低的狀況，之後世界利率只要些微上升或下降（例如 1%），債券價格波動就會非常大，這是這幾年投資債券要非常小心的原因之一。

何謂「信用評等」及主要的信用評等公司

信用評等就是一個單位履行債務能力的綜合評等，和個人的信用評等意思是一樣的。信用評等差的機構，無法歸還債券本金的風險通常越高，因此這些機構發行的債券的價格也較低，而這些債券的殖利率就必須提高，以補償投資者可能面臨的風險。通常國

債是相同到期年限中，信用評等最高的債券，也就是
利率通常會最低，因為國家破產的風險遠比公司少。
信用評等在某些層級之下的稱為垃圾債券，通常這類
債券的風險和利率都最高。

國際上著名的信用評等公司有穆迪（Moody's）、
標準普爾（Standard & Poor's）和惠譽國際（Fitch Rating），這 3 間公司對國家或機構的信用評等調整往往
會引起債市或者金融市場的大震動。

債券的長期循環及成因

由於債券價格與殖利率反向，因此在市場上通常
觀察債券殖利率來推斷債券價格的漲跌，而美國 10 年
期國債又是最重要的債券種類，它的殖利率變動左右
許多資產的價格。由圖 4-5 可以看出，美國 10 年期國
債殖利率幾個重要的高點是 1921 與 1981，幾個重要的
低點是 1900 與 1941，兩個相鄰高點（或低點）距離約
40 ～ 60 年，而一次最低到最高（或最高到最低）分
別距離 21（1900 ～ 1921）、20（1921 ～ 1941）、40

（1941～1981）。而這次一債券殖利率從 1981 年至近年最低點（2016/7）已經下跌 35 年，也就是債券價格已經上漲了 35 年。由於債券整個上漲或下跌周期是 20～40 年，若是歷史可以借鏡，這一次債券大多頭可能即將開始反轉（反轉前可能會先盤整一陣子），各位讀者請多注意了！

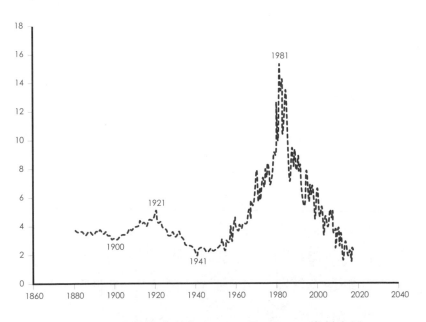

圖 4-5：美國 10 年期國債殖利率（1881/1 至 2017/6，資料來源：http://www.econ.yale.edu~shillerdata.htm）

如何解讀殖利率曲線

　　殖利率曲線（Yield curve）的解讀是債券市場非常重要的觀念。殖利率曲線就是把同一個時間點、同一個發行者發行、不同到期期限的債券殖利率依序畫在圖上。例如美國有發行 1 個月期、3 個月期、6 個月期、1 年期、2 年期、3 年期、5 年期、7 年期、10 年期、30 年期的國債，若在某個時間點，由左到右依序把短至長期的美國國債殖利率同時畫在圖上，就成為美國國債的殖利率曲線，提供這些資訊的網站在本章節的最前方債券的報價網站那邊已有介紹（p.140）。由於債券殖利率是為了補償投資者的信用與通膨風險，因此也可以看成是市場對未來的經濟成長與通膨的預測，例如 5 年期美國國債就是市場反應未來 5 年美國的信用與通膨風險。由於債券投資者就是把錢借給發行者使用，在正常的情況下，借款期限越久則通膨風險越高，因為 10 年的累積通膨（或違約可能）應該會遠比 5 年的累積通膨（或違約可能）來得高，所以此時的長期債券殖利率應該要比短期債券殖利率要高，也就是

此時的殖利率曲線應該是「左低右高」（圖 4-6 A）。

　　當市場預測未來經濟成長與通膨可能一路下滑，那麼長期債券殖利率就會較低，也就是此時的殖利率曲線就呈現「左高右低」（圖 4-6 B）。由正常的「左低右高」通常會先經過「中間高兩邊低」（圖 4-6 C）再轉變至「左高右低」，然後通常也會先經過「中間低兩邊高」（圖 4-6 D）再轉變至「左低右高」

　　所以債券殖利率曲線型態的變動順序，整理如下：

　　左低右高（A）→中間高兩邊低（C）→左高右低（D）→中間低兩邊高（B）

　　所以當「中間高兩邊低」的殖利率曲線型態開始出現時，就是市場預測央行可能由升息轉為降息、通膨和經濟可能由升轉降的時候，而隨著利率曲線遠端下折的部分越來越多，央行降息的次數和可能性都越來越高，此時應該逐步將新的固定利率定存期限拉長且減少機動利率的定存，避免利息收入減少；而由於經濟開始下滑，這時候也應該減少股市等依賴經濟成長的資產比例。

反之，當「中間低兩邊高」的殖利率曲線型態開始出現時，就是市場預測央行可能由降息轉為升息、通膨和經濟可能由降轉升的時候，而隨著利率曲線遠端上勾的部分越來越多，央行升息的次數和可能性都越來越高，此時應該逐步將新的固定利率的定存期限減低且增加機動利率的定存，才可以獲得更高的利息收入；而由於經濟開始復甦，這時候也應該增加股市等依賴經濟成長的資產比例。詳細情形請見表 4-3 與圖 4-6：

表 4-3：殖利率曲線與定存應該有的對策

殖利率曲線型態	未來利率走勢	經濟情勢	定存（固定利率）期限
短天期利率低、長天期利率高（左低右高）	升息	好轉	越短越好
短天期利率高、長天期利率低（左高右低）	降息	惡化	越長越好
中間某處較高、兩端皆較低（中間較高的山峰型）	先升後降	處於景氣高峰附近	先短後長
中間某處較低、兩端皆較高（中間較低的山谷型）	先降後升	處於景氣谷底附近	先長後短

A

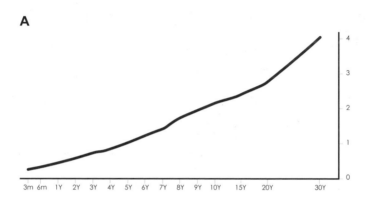

B

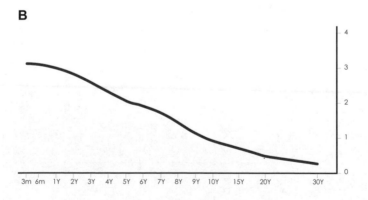

C

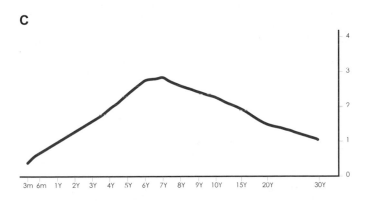

D

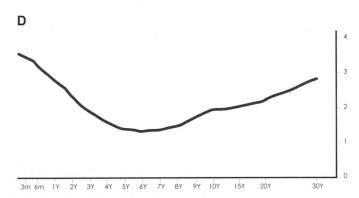

圖 4-6：殖利率曲線的 4 種型態

例如現在的殖利率曲線是右高左低（圖 4-6 A），
就應該採取短天期的定存。殖利率曲線的基本型態不
會每天改變，但若由表 4-3 中的某種型態改變為另一
種型態，那可能就表示經濟的反轉點要到了，在投資
方面要特別留意。

影響債券價格的主要因素

　　1. 通膨與利率：

　　整體而言，通膨和利率越高，對債券越不利。而
**影響通膨與利率的中短期因子包括中央銀行政策與景
氣循環；但長期而言，這兩個經濟現象都可說是人口
結構的「子弟」，這是因為人口結構往往主宰消費和
生產力，所以人口結構也是影響所有資產最長期且最
重要的因素之一。**一般來說，人口結構較年輕的國家，
例如越南、菲律賓、印度等國，通常經濟成長率與通
膨都較高，因此利率也較高；人口老化的國家則經濟
成長遲緩，且容易有通縮問題。若想了解人口對於經
濟和各種資產價格的長期影響，請參考我的另一本著

作《未來十年最好的投資機會》。除了人口結構之外，由於美國是世界第一大國，因此美國的通膨與利率也會對世界有所影響。

2. 相同到期期限的國債價格：

由於公司通常較不具備無限制償還債務的能力，所以公司債的價格通常低於同樣到期年限的國債，也就是說公司債的殖利率通常高於同樣到期年限的國債。以德國為例，正常來說西門子公司發行五年期公司債的殖利率要比德國政府的五年期國債高。

3. 信用評等：

通常信用評等越低的債券，殖利率越高、價格越低。這也就是為什麼垃圾債券的另一個名詞就是高收益債，只是台灣金融界很少人會告訴你這個事實。

4. 到期期限：

到期期限越長的債券，無論是通膨、利率、信用等風險都會隨著時間增加，所以價格波動越大。

5. 種類、流動性：

有些規模較小的發行者發行的債券，由於在市場上交易量很小（流動性很差），所以可能市場價格和

實際成交價有相當大的落差，台語說的「有行無市」就可以很貼切地形容這狀況。

6. 供應與需求：

發行機構若財務狀況好轉，可能會減少發行債券，債券供應量減少，此時債券價格傾向上漲。另外由於已開發國家的國債是通縮時期唯一會升值的投資，所以若股市大跌，通常有避險資金湧入這類債券。

7. 匯率（外幣計價的債券）：

這也是一個影響債券價格的因素之一。

債券的投資工具

由於單一債券的交易金額門檻較高（單張美國國債需 1 萬美元以上），因此多半無法直接購買，透過債券基金或者債券型 ETF 反而是較常見的債券投資方式。如果買賣債券基金，則要看清楚該基金的持有權重，持有「已開發國家的國債」較多的債券基金才能在股市下跌時有避險功能。

債券與股票的相關性

常看到金融界的宣傳資料上面寫著「股市震盪時應該買進債券避險」，**其實債券和股市不一定反向，**例如 1982 ～ 2000 年的全球股市的大多頭，道瓊指數上漲 15 倍（700 多點漲到 1 萬 1 千多點，圖 4-7，這時才是真正該投資股市的時代！），但是這段時間美國十年期國債的殖利率也從 15% 下跌到 5 ～ 6%（圖 4-5，債券殖利率和價格反向），可見股債兩者不一是完全反向。原因是 1982 ～ 2000 年的原物料價格和通貨膨脹都很低，導致廠商的生產成本降低，而低通膨又導致利率上升幅度有限，因此這段時間才造就了股債齊漲的走勢。事實上如果各位讀者把這段時間放大來看，短期而言兩者價格的確是反向的，但長期而言兩個是一起上漲。

債券的種類也會影響避險的效果，例如**已開發國家的國債之外的大部分債券（如高收益債、公司債、新興市場國債、垃圾債券等）都和股票幾乎是同向的，**

因此債券和股票是否反向（也就是說債券可否規避股票的下跌風險）要看以下幾個條件而定：

1. 已開發國家的國債：

A. 高通膨（CPI 年率＞ 3%）：股↓＋債↓，例：1968 ～ 1982

B. 適度通膨（CPI 年率 1 ～ 3%）：短期反向、長期股↑＋債↑，例：1982 ～ 2000

C. 通縮（CPI 年率＜ 1%）：股↓＋債↑，例：2000 ～ 2002、2008（圖 4-8）

2. 已開發國家國債之外的大部分債券：

與股票同向（不論通膨高低），例：公司債、新興市場國債、高收益債

另外有一點非常重要：由於債券對通膨與利率都較股市敏感，因此**當通膨與利率隨著經濟成長而提升時，債券價格會率先見頂下跌，之後才是股票，而原物料最後見頂下跌。**

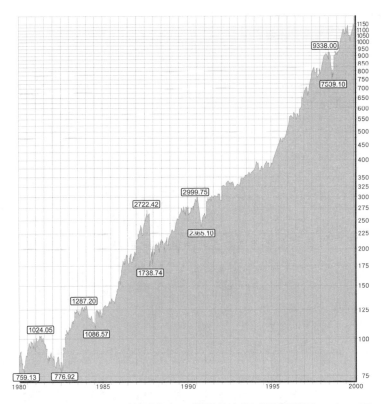

圖 4-7：1982 ~ 2000 美國道瓊工業指數大漲（請對照圖 4-5），而這段時間美國國債殖利率大跌，也就是說這段時間是股債齊漲

圖 4-8：2008 年全球金融危機時，高收益債（實線）下跌、美國國債（虛線）上漲；到了 2009 年的危機緩解年，高收益債上漲、美國國債下跌。很明顯地兩者走勢反向

三、外匯：資金跨國流動指標

外匯是五種資產類別中波動最低的種類，因此也比較適合當成核心資產，減少整體資產組合的波動。當然，外匯還有很多優點和缺點，本章將會詳細介紹外匯的基本性質。

外匯是什麼

外匯（foreign exchange，常簡稱為 FX）是外國貨幣的通稱。外匯與匯率常被相提並論，而匯率就是兩個貨幣的相對價格。

外匯的分類

由於美元是全世界最主要貨幣，美元匯率常與其

他貨幣相比，因此美元強勢通常代表其他貨幣弱勢，所以貨幣陣營常分為美元與非美元貨幣（台灣金融界常簡稱為「非美貨幣」或「非美」）。而該國經濟主要依賴出口原物料的國家，這些貨幣常被稱為「商品貨幣」或「原物料貨幣」（commodity currency），這些貨幣匯率和原物料價格高度相關，包括澳幣、紐幣、加幣、南非幣、挪威幣、巴西幣。全世界主要貨幣的代碼請參考表 4-4：

表 4-4：世界主要貨幣的代碼

美元	加幣	歐元	英鎊	瑞士法郎	瑞典幣	日圓
USD	CAD	EUR	GBP	CHF	SEK	JPY
新台幣	新加坡幣	港幣	韓元	澳幣	紐幣	南非幣
TWD	SGD	HKD	KRW	AUD	NZD	ZAR

注意台幣簡稱不是 NTD，而是 TWD

較為特別的英文全名：

英鎊：Great Britain Pound

瑞士法郎：Swiss Franc

瑞典幣：Swedish Krona（國內亦稱瑞典克朗、瑞典克羅那）

日圓：Japaness Yen

韓元：Korean Won

南非幣：South African Rand（國內亦稱南非蘭德）

另外有些主要貨幣在英文中有暱稱，通常根據該貨幣的顏色或圖案來命名，列舉如下：

美元：greenback，因為美元鈔券多半為綠色

加幣：loonie，因為加幣 1 元是一隻潛鳥，而潛鳥的英文名稱為 loon

英鎊：sterling 或 cable，後者是因為英鎊對美元的匯率（當時世界上最重要的匯率）早年都以大西洋海底的電纜傳送而得名

紐幣：kiwi，因為紐幣 1 元是一隻 kiwi bird（奇異鳥、希威鳥）

匯率的報價方式

要繼續了解外匯之前，首先要教大家怎麼看匯率。世界上的外匯報價方式主要分成三種，敘述如下：

1. 美元在分子的報價方式：

這種報價方式稱為「直接報價法」（direct quotation），世界上的主要貨幣除了歐元、英鎊、紐幣、澳幣之外都是採用這種報價方法。例如 USD/CAD 表示「美元兌加幣」、USD/TWD 表示「美元兌台幣」。當這種報價方式的匯率變大時，表示美元升值，如 USD/TWD 從 31 變成 32，那表示美元兌台幣升值。

2. 美元在分母的報價方式：

這種報價方式稱為「間接報價法」（indirect quotation），世界上的主要貨幣只有歐元、英鎊、紐幣、澳幣採用這種報價方法。例如 EUR/USD 表示「歐元兌美元」、NZD/USD 表示「紐幣兌美元」。當這種報價方式的匯率變大時，表示美元貶值，如 NZD/

USD 從 0.7000 變成 0.8000，那表示紐幣兌美元升值。

3. 美元在分子或分母均未出現的報價方式：

這種報價方式稱為「交叉匯率」或「交叉盤」（因此以上兩個有美元出現的報價方式稱為「直盤」），如 EUR/TWD 為「歐元兌台幣」。交叉匯率報價是根據兩組匯率報價所換算的，例如（EUR/TWD）＝（EUR/USD）×（USD/TWD）。

總之，不管是哪一種報價方式，當匯率數字變大的時候，就表示分子的貨幣升值、分母的貨幣貶值，因為分子／分母的倍數變小了。若是數字變小，就表示分子的貨幣貶值，分母的貨幣升值。由上可知，台灣的匯率報價方式，美金對台幣是採用直接報價，台幣對其他的外幣都是採用交叉匯率報價。

報價網站

http://www.netdania.com/Products/QuoteList/QuoteListFullscreen.aspx?m=q&t=majors

外匯的優點

1. 漲跌幅度小，可以當成核心資產：

已開發國家的外匯匯率的波動通常較小，以歐元兌美元的匯率（EUR/USD）為例，一天波動大約在0.2 ～ 0.8% 之間，很少超過 1% 以上。因此外匯適合多數投資者做為核心資產，避免資產波動度高之後帶來的整體資產的長期損失。

2. 可以了解利率走勢：

在債券的章節我們已經了解利率對於所有資產的重要影響，而影響匯率的一個重要因素是兩個貨幣的利率預期，所以我們可以了解債券與外匯其實也會互相影響。

3. 宏觀走勢，容易預測：

外匯市場是一種宏觀投資，只有會影響到國家資金進出流量與流向的因素才會影響匯率，而其他微觀

因素都可以不用考慮，因此匯率通常較股市走向容易
預測。**所以研究外匯也有一個很重要的原因，那就是
可以了解全世界的資金流向。**因為資金要流入某國，
一定會先買進該國的貨幣，之後再買進該國的某種資
產，因此一定是該國貨幣先升值之後才會有該國某類
資產升值的可能，所以當我們看到該國貨幣升（貶）
值，就會知道資金正在進（或出）該國了。這過程請
見圖 4-9。

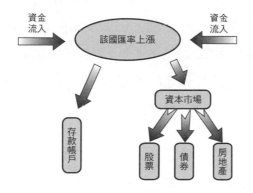

圖 4-9：資金進入一國，會讓該國匯率上漲

4. 成交量極大，難以被特定人士操縱：

全球外匯市場半月的成交量就足以買下全球一年的GDP，所以外匯市場是世界上最大最具深度的市場。如此龐大的成交量有個明顯的優點就是：無法被特定個人甚至團體操縱，因此對散戶來說是個真正公平的市場。

5. 多空皆可獲利：

匯率是相對比價，而不是絕對價值，這是外匯和其他四類資產最大的差別。例如當兩國都開始升息，那麼後續升息可能較多的國家，會對另一國貨幣升值。因此外匯市場只有美元的空頭或者美元的多頭，沒有「全部貨幣的空頭」，無論何時都找得到可以投資的標的。

外匯的缺點

盤整期多：外匯波動較低，因此多數時間來看，匯率是在盤整。

美元匯率的長期循環及成因

　　由於美元是世界儲備貨幣，他的經濟體又主宰世界經濟，因此**觀察美元匯率的升貶（主要是兌歐元，因為這是世界第二大貨幣），就可以決定很多資產價格的長期趨勢**，而本書之所以不採用「美元指數」作為美元強弱的指標，是因為有不少報價軟體或網頁沒有美元指數的報價，且歐元也占美元指數的 57.6%，與歐元相關性高的其他幾個歐洲貨幣如英鎊、瑞郎與瑞典幣加起來共占 19.7%，等於歐洲貨幣就占了 77.3%，因此直接觀察歐元兌美元的匯率較為直接且與美元指數不會有太大差距。

　　在 1971 年之前，世界實施布列敦森林協議（Bretton Woods system）的固定匯率制度，1971 年該協議解體之後，美元升貶的周期多半為：升值約持續 5～8 年，貶值約持續 6～8 年，兩次高點或低點約距離 12.5～16.5 年（平均約 14.72 年）。請見表 4-5：

表 4-5:1971 年以來的美元升貶值周期

（美元兌歐元的情形，當歐元未出現前，以歐元 / 德國馬克的匯率換算
當時的歐元 / 美元匯率）

美元升貶值	年代	歐元 / 美元漲跌 %	表現最佳的資產	主要事件及年代
第一次大貶值	1971/8 ～ 1980/1（持續約 8.6 年）	+114%	原物料、非美貨幣最佳，房地產次之	1971 布列敦森林協議解體 1973 ～ 1974 第一次石油危機 1979 ～ 1981 第二次石油危機
第一次大升值	1980/1 ～ 1985/2（持續約 5.1 年）	-56%	1982 年是股票與債券之後 18 年多頭的最佳買點	1980 ～ 1982 美國將利率維持在高檔（最高 20%！！） 1982 美國 Fed 主席沃克爾開始調降利率，之後股票及債券的大多頭直到 2000 年
第二次大貶值	1985/2 ～ 1992/8（持續約 7.6 年）	+126%	房地產、非美貨幣最佳，原物料次之	1990 全球房地產泡沫破裂，日股及台股崩盤
第二次大升值	1992/8 ～ 2000/10（持續約 8.3 年）	-44%	科技股、美元	2000 科技股泡沫破裂

第三次大貶值	2000/10 ～ 2008/7（持續約 7.9 年）	+95%	原物料、非美貨幣最佳房地產次之	2001 中國加入WTO，經濟開始與全球接軌
第三次大升值	2008/7 ～ 2017/1（持續約 8.6 年）	-36%	科技股、債券、美元	2008 全球金融危機2010 ～ 2011 歐債危機
第四次大貶值	2017/1 ～ ？	？	原物料、非美貨幣最佳	？

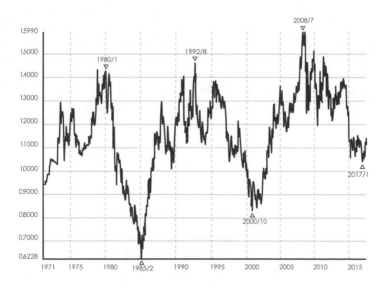

圖 4-10：1971 年以來的歐元兌美元（EUR/USD）匯率

171

由上表可知，在美元升或貶值周期，五大類資產的表現請見表 4-6：

表 4-6：美元升貶值對主要資產價格的影響

	美元升值	美元貶值
股票	科技股較佳	原物料類股或房地產類股較佳
債券	傾向上漲（殖利率下跌），但相關度不高，與人口結構相關度較高	傾向下跌（殖利率上漲），但相關度不高，與人口結構相關度較高
外匯	美元獨強	原物料大多頭時：商品貨幣較強 原物料非大多頭：歐洲貨幣較強
原物料	下跌	上漲
房地產	下跌或盤整	上漲，美元貶值時期後半段崩盤

由表 4-5 與圖 4-10 可以得知美元目前可能已經開始貶值周期了，預計美元可能會貶到 2020 ～ 2025（由上一個美元最低點，也就是歐元最高點 2008/7 往後加 12.5 ～ 16.5 即得），各位讀者請把握好了！

匯率和主要資產間的連動性

如何判斷資產價格的連動性非常重要，貨幣彼此之間連動性的原則如下：

1. 同地理區域的國家，其貨幣連動性較高
2. 產業結構相似的國家，其貨幣連動性較高
3. 國際帳務收支（經常帳或資本帳）結構類似的國家，其貨幣連動性較高
4. 風險層級相類似的國家（如同為新興市場），其貨幣連動性較高
5. 貿易往來較密切的國家，其貨幣連動性較高
6. 官定利率水準較相近的國家，其貨幣連動性較高
7. 某原物料的主要出口國，該國其匯率變動會和該原物料高度相關

舉例來說：中央銀行時常將新台幣升值幅度與韓圜比較，來了解新台幣是否有超漲，原因就是我們就是以上七點或多或少都有類似之處。

主要貨幣簡介

1.EUR/USD 歐元兌美元：

歐元是非美貨幣的龍頭，與其他貨幣和資產的連動性都相當大，因此要在金融市場中操盤就必須知道歐元的走勢為何。在世界上的主要貨幣匯率中，以瑞士法郎及瑞典幣與歐元的相關性最高；至於英鎊雖然同為歐洲貨幣，然而因為產業結構以服務業為主，且經常帳收支呈現高度赤字，因此和歐元的連動性時高時低，在判斷英鎊走勢時，歐元的走勢只能做為參考，不可完全盡信。另外日圓、澳幣、紐幣多少都和歐元有點連動，只是連動的程度會低於歐洲貨幣彼此之間的連動。至於加幣，由於他的美洲貨幣屬性，因此與歐元的連動性是所有主要貨幣中最小的。此外，由於油價及金價都與美元有負相關，因此黃金與石油的價格走勢都與歐元有正相關。

2.USD/JPY 美元兌日圓：

拜日本近年來的長期低利率之賜，日圓幾乎已

經變成世界上風險規避情緒的代名詞了。由於日本自
1990 年代之後長期的經濟不振導致央行長期維持低利
率，因此世界上近年來盛行一種所謂「套利交易」（或
稱套息交易、利差交易、息差交易，英文稱為 carry
trade），也就是借出低利的貨幣（該低息貨幣稱之為
套利交易的「融資貨幣」），賣出低利貨幣之後轉換
成為高息貨幣，賺取兩者之間的利率差距。這種交易
最理想的狀況就是高息貨幣兌低息貨幣升值，這樣不
僅賺了利差也賺了匯差；次一等的狀況就是高息貨幣
兌低息貨幣的匯率持平，我們只賺利差即可；最差的
情形就是高息貨幣兌低息貨幣匯率大跌，那麼匯兌損
失將會超過利差所得。

　　由於套利交易牽涉到融資借貸，等於是擴大自己
的財務槓桿，因此是一種「風險偏好」的投資行為，
這種行為就是希望世界上經濟成長、風險變小，這樣
自己的風險偏好行為才不會血本無歸（請記住高利率
往往代表高風險）。但若世界經濟風險變大（這時候
可以稱為世界上「風險厭惡」情緒高漲，通常也是股
市大跌的時候），套利交易者就會賣掉高息貨幣、買

回低息貨幣還給銀行，這些瘋狂平倉會造成高息貨幣大跌、低息貨幣大漲。而世界上風險厭惡情緒的指標通常有兩個：

A. 觀察道瓊工業指數的漲跌：

若上漲或是跌勢溫和，此時風險規避情緒偏低，則對套利交易有利（USD/JPY 傾向升值）；若是道瓊工業指數狂跌，則風險規避情緒偏高，USD/JPY 恐難逃大跌的命運。

B. 觀察 VIX 指數（volatility index，波動率指數，又稱恐慌指數）：

通常該指數和股市漲跌呈負相關，也就是說該指數和 USD/JPY 呈現負相關。要了解 VIX 的走勢，請於 http://www.stockcharts.com/ 輸入 $VIX 即可。

一般來說，由於日圓的低利特性，因此這幾年相當流行的套利交易貨幣對為 USD/JPY、AUD/JPY、NZD/JPY，通常風險越高時，這些貨幣對的匯率也是傾向下跌。而高息的新興市場貨幣的走勢通常也和 USD/JPY 具有負相關，例如 USD/ZAR（美元兌南非幣）

與 USD/JPY 常會負相關。簡而言之,你買進日圓就是賭全世界股市會下跌、全球經濟風險會變高。

3.GBP/USD 英鎊兌美元:

英鎊曾經是二戰結束前的世界儲備貨幣,直到二戰結束之後其世界儲備貨幣的地位才被美元取代。而英鎊雖然目前只使用在英國一國,然而其在西北歐地區仍然具有相當的地位,因此英鎊的交易也是外匯市場常見的戲碼。英國雖然為工業革命的鼻祖,然而現在其產業結構和歐陸經濟第一大國德國頗為不同,目前的英國以金融保險、房地產、觀光旅遊等服務業為主,製造業頗為貧乏,產業結構反而和美國較為類似。因此美國於 2007 年爆發的次級房貸風暴,英鎊匯率下跌的比歐元多,就是因為英國也是一個「房地產經濟體」,而當年房地產正是風暴的中心。就連動性而言,英鎊和歐元的連動性時高時低,通常會小於歐元和瑞士法郎的連動性,但卻又高於其他主要貨幣和歐元的連動性。

4. USD/CHF 美元對瑞士法郎：

瑞士法郎是世界上金融市場動盪不安時期最佳的避險貨幣（safe haven currency）。一如前述，瑞士法郎除了和歐元有高度正相關之外，和全球的景氣及股市表現幾乎高度都是負相關，也就是說當全球景氣火熱、股票市場上漲、風險規避情緒偏低的時候，瑞士法郎的表現就不會很好（但仍要看歐元的走勢而定）；如果是 2008 年景氣衰退、股市狂跌、風險規避情緒高漲的時候，瑞士法郎就會是表現最好的貨幣，因此在交易瑞士法郎時，歐元、道瓊工業指數、VIX 指數都是相當重要的參考指標，若是把握這三個指標的話，通常瑞士法郎的走勢就八九不離十了。

由於瑞士的中立國地位、銀行保密制度健全以及產業多為醫藥、食品等防禦性產業，瑞士法郎是少數可以防範恐怖攻擊風險的資產。例如 2004 年西班牙馬德里的大爆炸案就造成瑞士法郎對歐元和美元的匯率都狂飆，因此若看到 EUR/USD 下跌、USD/CHF 也下跌的怪異現象（正常情況下應該是一漲一跌），就表示歐洲可能遭受到恐怖攻擊，此時就須注意手上持有

歐洲的相關資產的貶值風險。

5.AUD/USD 澳幣兌美元：

澳洲是世界上的原物料（或稱商品）生產大國，舉凡金、銀、銅、鐵、鋁、鈾、煤、乳製品、小麥等，澳洲均有相當的生產量，因此澳幣和原物料的連動性自然不言而喻，一般來說鐵礦砂價格和澳幣具有高度的正相關，另外在航運界報價常用的波羅的海散裝乾貨指數（Baltic Dry Index，縮寫作 BDI，散裝船運以運輸鋼材、紙漿、穀物、煤、礦砂、磷礦石、鋁礬土等民生物資及工業原料為主，散裝船運乃相對於貨櫃船運而言的稱呼），由於其與全球的原物料需求高度相關，因此也是預測澳幣的一個重要指標。

一般來說澳幣是屬於商品貨幣、典型的夏季貨幣，也就是說在全球景氣火熱、股票指數上漲、風險規避情緒低落時他的表現會相對較好；當全球景氣衰退、股票指數慘淡、風險規避情緒高漲的時候，澳幣就會傾向下跌，因此需要多觀察各國的經濟數據了解全世界經濟成長的情形，並時時觀察 VIX 指數及道瓊工業

指數了解全球的風險規避情緒有沒有被激發出來，若是出現風險規避情緒高漲的現象，就需注意手中澳幣資產貶值的風險。

6.NZD/USD 紐幣兌美元：

紐西蘭是世界上畜牧產品生產的大國，因此其匯率也與奶粉價格有相當大的相關性。由於紐澳兩國是鄰國，因此貨幣走勢常常具有高度的連動性，但紐幣通常利率較高，波動性也較大。

7.USD/CAD 美元兌加幣：

加拿大也是世界上原物料生產大國之一，尤其是豐富的石油產量是澳洲遠遠不及的。加拿大因為盛產石油，因此其貨幣走勢常常與油價高度相關，例如2005 年，當所有主要國家的貨幣對美元紛紛走弱時，加幣卻一枝獨秀（漲幅約 4%），原因即是當年美國節節升息，其他貨幣紛紛不敵美國升息的威力，只有加幣因為油價走高而足以抵擋。然而加拿大因為身處美洲，因此貨幣走勢和其他商品貨幣走勢連動性往往較

低，也因為加幣的美洲屬性，因此和其他上述主要貨
幣連動性都不高，這點在操作加幣上要特別注意。

影響匯率的主要因素

有很多因素都會影響到匯率的走勢，但最重要的
就是利差預期和風險規避情緒。舉例來說：若 A 貨幣
的利率是 3%，B 貨幣的利率是 1%，但 A 貨幣已經停
止升息，B 貨幣可能會再升息，那麼由於 A － B 的利
差縮窄，因此 A 兌 B 會貶值。由於央行的升息或降息
往往一個月以上才會一次，因此觀察利差都是用兩國
的 10 年期國債殖利率去比較，例如 2017 上半年美國
10 年期國債殖利率下降 0.142%，同時段內的德國 10
年期國債殖利率卻上升 0.257%，因此這段時間歐元兌
美元升值。

另一個風險規避情緒在日圓那部分已經有稍微介
紹過，大致上的原則就是風險偏好情緒興盛時，高息
貨幣或新興市場貨幣較容易上漲；風險規避情緒興盛
時，低息貨幣或避險貨幣較容易上漲。而風險偏好情

緒興盛通常代表全世界景氣欣欣向榮、股市上漲；風險規避情緒興盛通常代表全世界景氣萎靡不振、股市下跌。

　　以動盪不安的 2008 年為例，第一、二季全球金融市場風險仍然相對第三季小（雖然股市已經常發生重挫），因此，此時的匯市仍然是以「利差」為觀盤重點，而當時美國全年減息幅度都大於歐元的狀況下，歐元上半年漲幅曾經高達 13% 以上，同屬歐洲貨幣的瑞郎，因為其避險以及與歐元連動的性質，加上瑞士央行 2008 上半年完全沒有降息（也就是說瑞郎上半年在利率和風險規避情緒上都佔了上風），因此漲幅居各貨幣之冠。到了第三季，雷曼兄弟破產導致風險急遽上升，因此「風險規避情緒」開始躍居匯市的主軸，所以除了日圓與瑞郎兌美元升值，其他貨幣都兌美元貶值。第四季開始之後隨著美國減息到零的呼聲越來越高加上風險開始慢慢降低，主要貨幣多半在 10 月下旬打底，歐元和歐系貨幣甚且在 12 月演出暴漲行情。

外匯的投資工具

外匯的投資主要以外匯存款，因為外匯現鈔不僅沒有利息且匯差太大，而外匯保證金則有融資槓桿，因此都不適合新手操作，至於外匯 ETF 則有流動性問題（成交量太低）。要投資外匯存款很簡單，只需要在某家銀行同時開好台幣和外幣帳戶，並設定網路銀行之後就可以在線上把台幣和外幣互相轉換。這裡要注意的是銀行牌告的「現金匯率」是外幣塊鈔買賣的匯率，也就是出國時需要買賣外幣現鈔的價格，而「即期匯率」價格就是不提領外幣現鈔的價格，我們投資外匯存款就是看這個價格。至於即期賣價是指銀行賣出價，也就是我們的即期買入價；即期買價是指銀行買入價，也就是我們的即期賣出價。通常我對外匯存款的投資方法都是兩三年的波段，這樣放長線釣大魚才賺得多，另外還有幾點要注意：

1. 匯率升值重要性遠大於利率收益：

所有的投資都是高獲利就伴隨著高風險，例如國內可以買到的外幣種類中，南非幣的利率常是最高的，

但南非屬於新興市場國家，各方面的風險都很高，因此一遇到全球動盪不安，南非幣的跌幅往往「領先群雄」。例如 2008 年，南非幣對美元下跌約 26%，而低利率的瑞士法郎卻反而對美元上漲了 7%，一來一往就是 33% 的差距！而南非幣利率再高也不會超過 10%，但匯率一年高低點變動可能超過 25%，也就是說要是不幸一點，可能兩年半的利息收入都會被匯差吃掉。可見外匯存款並不是台幣定存，最大的風險和收益來源都是匯率，利率只不過錦上添花而已，千萬不要本末倒置。

2. 該國央行處於升息周期的時候，外匯存款的定存期間鎖定一個月即可，因為這樣才可享受到利率上升的好處。若該國央行處於降息周期時，外匯存款的定存期間鎖定越長越好，因為這樣才可享受鎖定高利率，不受到該國降息的影響。但要注意的是，要是該國央行處於降息循環之中，可能匯率亦會隨之貶值，這時候就要考慮是否有持有該貨幣的必要了。

外匯與其他資產的相關性

請參考表 4-6（p.172）。

四、原物料：物價上漲時的最佳投資

原物料多數是日常生活常用的民生用品，但多數人對於原物料在投資上的意義卻了解不多。請大家好好念完這章，然後停止抱怨物價上漲，讓原物料成為你投資組合的一部分，讓你的資產與物價一起上漲吧！

原物料是什麼

「原物料」（commodities）在台灣有時也會譯成「商品」，但由於容易與製造業成品（如電腦、手機）混淆，因此筆者統一翻譯為原物料。原物料泛指生活中常見的大宗物資，而在投資上通常是針對有期貨市場的原物料進行投資，這是因為期貨市場報價公開透明。但由於期貨有槓桿，因此筆者不贊成投資者交易

期貨（關於原物料的投資工具在 p.193 會詳述）。

原物料的分類

原物料大致上可分為能源、金屬與農產品等三大類，而金屬類又可以再細分為貴金屬與工業金屬（或稱基本金屬、卑金屬）。這四大類之中以能源中的原油（crude oil）最為重要，貴金屬中的黃金則是兼具貨幣與原物料性質的特殊種類，因此在金融市場的重要性幾乎和石油不相上下。除了農產品外，多數原物料都與通膨有較明顯的關係，而工業金屬與經濟景氣盛衰的關係較為明顯，農產品則是和天氣及區域性的供需有較高度相關，與通膨或整體景氣的關聯度較低。

原物料的資訊來源

https://www.investing.com/commodities/real-time-futures

http://www.cnyes.com/futures/rank1.aspx

原物料的優點

1. 公司或破產下市，原物料不會：

所有的公司長期而言都會破產下市，而原物料價格可能會下跌，但絕對不會歸零。不過需注意這規則僅限於實體原物料，因為原物料公司可能會破產，原物料期貨和ETF也都有交易所和交易對手破產的風險。

2. 只需了解供需：

投資個股的影響因素非常複雜，從全球、國家到該產業類群的經濟，幾乎是無休無止的功課；但原物料由於是全球市場，所以只要了解整體的狀況即可，而最重要的就是供需。

3. 成交量極大，難被操縱：

以石油為例，全世界一天消耗約九千多萬桶石油，而石油的價格目前大概在一桶50美元附近，等於是全世界一天至少有1300億台幣左右的資金在石油市場運

轉，而且多數石油生產出來之後往往不是直接賣給買
主，而是經過數次轉手，所以上述數字還要再乘好幾
倍，才是全世界石油市場一天的交易金額。所以全世
界石油市場的成交量遠大於多數個股，甚至很多中小
型國家的大盤指數期貨也遠不及石油市場的成交量。
而成交量越大的投資標的，通常越難被操縱價格，所
以原物料市場的公平性通常會比股票市場高。

4. 可以分散投資組合的風險：

當通膨與利率隨著經濟成長而提升時，債券價格
會率先見頂下跌，之後是股票見頂下跌，而原物料最
後見頂下跌。由於原物料與股市見頂的時間不同，因
此兩者正相關性不高，所以可以分散整體投資組合的
風險。

原物料的缺點

1. 投資管道較少：
原物料的投資工具在「原物料的投資工具」這節

會詳細解釋。

2. 有儲存成本（風險），且無股利或利息：

這牽涉到使用那種工具投資原物料，在「原物料的投資工具」這節也會詳細解釋。

原物料的長期循環及成因

這一部分可以請各位參考股市的長期循環與成因的部分（p.128 ～ 130）。而原物料之所以會有這種循環周期，是因為原物料由計畫生產到真正能量產的過程有時間差，有的甚至差距數年：例如石油通常需要 5 ～ 7 年才能量產，就連咖啡也要種 3 年之後才能第一次結果，因此新產能增加的速度往往無法趕上原物料需求的速度，此時原物料價格當然暴漲。等到新產量開出之後因為供應大增導致價格暴跌，之後就步入原物料的空頭市場。而在空頭市場的後半段，多年來的低價導致廠商倒閉或者關閉產能，因此供應大減，價格於是又重新展開大多頭的走勢。因此循環過程如下：

原物料需求增加→廠商增產趕不上需求→價格暴漲→眾多廠商開始增產→供應大增、價格暴跌→廠商因已經投資廠房等設備而不願意減產→價格繼續維持低迷→原物料廠商開始倒閉→產能減少→價格再度上漲

影響原物料價格的主要因素

1. 供需：

這是影響原物料價格最重要的一個因素，以下幾個因素也都是透過影響供需，最後影響原物料價格。

2. 實質利率：

在經濟學上，名目利率扣除通貨膨脹率就是實質利率。舉例來說：你在銀行存款一年可領到 2% 的利息，但現在消費者物價指數的年率是 3%（也就是一年內物價平均上漲 3%），這樣這筆銀行存款的購買力等於每年減少 1%。而由於原物料價格與通膨有正相關，因此當通膨上漲得比名目利率快，此時的實質利率就越低，

廠商貸款來囤積原物料或消費者提前買進原物料的成本就越低，這種情況將會導致原物料供應缺乏且需求增加，此時原物料價格就越容易上漲。

3. 美元走勢：

大多數原物料在國際上交易都是以美元計價。所以當美元貶值時，多數原物料出口國貨幣會上漲，因此這些國家賣原物料賺的美元兌換為本國貨幣時，就會越兌換越少，導致部分廠商因為不敷成本而放棄生產，原物料價格就因為供應下降而上漲。

4. 季節性：

多數原物料有季節性的生產或消費循環，農產品尤其明顯。農產品通常在收成季因為供應量增加，所以價格常是谷底；這些產量消耗到下一個種植季，此時庫存量常是全年最低，價格通常也是全年最高。

5. 替代品或競爭品的價格走勢：

有些原物料有替代品，這些替代品彼此之間就會

形成翹翹板式的漲跌。例如小麥和玉米都是構成動物
飼料澱粉類的主成份，若小麥價格開始大漲，玉米也
會因為從小麥轉移過來的飼料需求增加而上漲；另外，
熱燃油與天然氣、金與銀、工業金屬之間也有這些替
代關係。

原物料的投資工具

**我們說的原物料價格其實是「原物料期貨的價
格」，因此原物料標的能不能完全追蹤原物料期貨價
格就非常關鍵**，而原物料的投資工具大致上可分為原
物料股票、原物料 ETF、原物料期貨、實體原物料四
大類，其性質可見表 4-7：

表 4-7：原物料的投資工具

	原物料股票	原物料 ETF	原物料期貨	實體原物料
完全追蹤期貨價	否	非常接近	100%	非常接近
儲藏或換約成本	無（但有其他費用）	有	有	有
槓桿風險	無	無或有且槓桿小	有且槓桿極大	無
例	礦業基金	黃金存摺 GLD	WTI 期貨	囤積資源回收

　　原物料股票如買進艾克森美孚的股票（世界知名的大型石油股）或者礦業基金都是，因為原物料相關基金就是投資在原物料股票上。而原物料 ETF 還有分成連結原物料股票的 ETF、連結原物料期貨的 ETF、連結實體原物料的 ETF、連結原物料期貨的 ETN 四種（關於 ETF 或 ETN 簡介，請參閱 Part 6），詳情如表 4-8：

表 4-8：原物料 ETF 的分類

	連結股票的 ETF	連結原物料期貨的 ETF	連結實體原物料的 ETF	連結原物料期貨的 ETN
連結或儲備標的（投資效果）	＝買進股票	＝買進期貨合約	＝買進實體原物料（EX: 金條）	＝連結期貨價格
與原物料期貨價格相關度	高至低	接近 100%	接近 100%	接近 100%
例	礦業基金	UGA（美國汽油 ETF）	GLD（實體黃金 ETF）	JO（咖啡 ETN）

　　國內理專講到原物料投資，總是只會提原物料基金，其實投資原物料基金就是投資原物料股票，但原物料股票並無法完全追蹤原物料期貨的價格，有時候還會有蠻大的誤差，尤其在原物料末升段更是明顯。這邊以原油期貨（WTI，西德州原油期貨）、USO（United States Oil Fund，美國石油基金，一檔直接追蹤美國原油期貨合約價格的 ETF）、銅價、台灣當年

最熱門的貝萊德世界礦業基金比較，結果請見表 4-9：

表 4-9：UGA 和貝萊德世礦基金追蹤原油績效的差異

名稱	2007/12/31 收盤價	2008 最高價	漲幅（％）	與原油漲幅差距（％）
原油期貨（WTI）	96	147.27	53.41	0
USO	75.76	119.17	57.30	3.89
銅（CME）	3.03	4.27	40.92	-12.48
貝萊德世礦	91.75	113.92	24.16	-29.24

　　可見原物料股票型基金並不能完全追蹤原物料期貨的價格，因此要投資原物料的讀者，除了台銀的黃金存摺之外，台灣與美國股市都有上市的原物料 ETF，因此開設這兩國的股市帳戶也是必需的。雖然原物料 ETF 較能夠追蹤原物料價格的走勢，但由於期貨的轉倉價差問題（詳情要等下一本書才能討論），所以時間一久也會有不小的追蹤誤差，因此投資時間建議一年以內為宜。

能源

　　能源類的原物料包括原油、汽油、天然氣、煤、
電力等類別，其中以原油最為重要。而世界上最主要
的原油期貨有美國的西德州中級原油（West Texas In-
termediate Crude Oil，簡稱 WTI）以及英國的北海布
蘭特原油（Brent Crude Oil）。雖然英美兩國在世界均
不是主要的石油出口國，但這兩國的金融市場發達且
交易透明公開，因此全世界主要的石油交易均以此兩
種原油價格作為基準。投資石油較常見的 ETF 有台股
上市的的元石油 ETF（台股代號：00642U）和美國的
USO 這檔 ETF，但石油期貨型 ETF 一樣都有期貨轉倉
價差的問題，所以比較不建議持有超過一年以上。

貴金屬

　　貴金屬主要包含金、銀、鉑、鈀四種原物料，其
中黃金一直在金融體系中占據特殊的地位，原因如下：
　　1. 黃金是流動性（可變現性）最佳的資產，世界

上無論哪個國家、時空、文化、種族，都接受以黃金作為價值基準。

2. 黃金具有部分的貨幣屬性，因此大家不信賴紙幣時，只有它和少數貴金屬可以保有特定的價值。

3. 黃金耐熱、酸、鹼，且化學活性極低，可永久保存。

這麼多優點卻不能保證黃金價格永不下跌。實際上在 1990 年代，黃金可是「十年黃金變爛銅」，表 4-10 整理了最近 40 年的黃金走勢：

表 4-10：1970 年以來的黃金走勢

年代	價格走勢	主要事件
1970 ～ 1980	35 漲到 880 （漲 2400%）	1971　布列敦森林協議瓦解 1973　美國再度允許國民持有黃金 1973 ～ 1974 第一次石油危機 1979 ～ 1981 第二次石油危機（發生伊朗伊斯蘭教革命、蘇聯入侵阿富汗、兩伊戰爭、伊朗人質危機等重大事件）
1980 ～ 1999	880 跌到 250 （跌 71.5%）	1985 ～ 1992 此時並不是原物料的大多頭，只有美元貶值推動黃金上漲，黃金從 284.25（1985/2）漲至 499.25（1987/12），只漲了 75.6%

1999 ～ 2011	250 漲到最高 1920（漲 2400%）	2000 網路科技泡沫、股市崩盤 2001 911 事件 2003 ～ 2011 第二次波斯灣戰爭 2008 美國房地產崩盤，引發全球金融危機 2009 中國及印度央行宣布增持黃金儲備 2011 美國信用評等被調降

　　在這邊也介紹一下台銀的黃金存摺這種產品：黃金存摺是一種 100% 黃金準備的投資工具，也就是當你買進的每一公克黃金，則台銀都會有一公克的黃金囤積在他們的倉庫裡，而不是個買空賣空的遊戲。黃金存摺的買賣價格有 1 ～ 1.5% 的價差，兩者的中間價可以根據黃金的國際價格（以美元計價）再考慮美元對台幣的匯率去計算而來，公式如下：

　　台銀黃金存摺中間價＝（國際黃金價格 × 美元對台幣中間價）/ 31.1035

　　31.1035 是一盎司換算來的公克數，這中間價再按照台銀當時牌告價上下加減買賣價差的一半就是買或賣價。舉例如下：

　　某日國際黃金價格 1200，美元對台幣匯率＝ 30，台銀的黃金存摺價差＝ 15 元，請問台銀的黃金存摺買

賣價應為多少？

台銀黃金存摺中間價 ＝ 1200 × 30/31.1035 ＝ 1257.426

1157.43 －（15/2）＝ 1149.93

1157.43 ＋（15/2）＝ 1164.93

另外，美股亦有一檔代號為 GLD 的 ETF，這檔 ETF 持有的是實體黃金，也就是說買進這檔 ETF 等於就是這間公司幫你囤積實體黃金，這點其實很像黃金存摺的效用。

銀、鉑、鈀是貴金屬類別的另外三個成員，但它們的用途都以工業需求為主，因此比起黃金而言，這三種貴金屬其實兼具工業金屬的特性，也就是較容易受到景氣盛衰的影響。投資白銀最便利的方式是美股的 SLV 這檔 ETF，你買進一股就相當於擁有 0.9445 盎司（2017/10/19）的白銀囤積在該公司的倉庫中，運作方式其實很類似台銀的黃金存摺。

工業金屬

　　工業金屬主要有銅、鎳、鋅、鉛、錫、鋁，這些金屬在景氣循環中各有不同的表現。銅可以說是最重要的工業金屬，主要用途為電器電纜。鎳和鋅的主要用途都是與鐵混合產生特殊鋼種，鉛主要用途是製作蓄電池，鋁和錫則主要用在食品及飲料的包裝（鋁也有不少是用在交通工具上），由於食品類需求較為固定，因此鋁和錫在工業金屬之中算是價格波動較低的種類。這些工業金屬都可以在 http://www.ipathetn.com 網站上找到投資的 ETN。筆者對於工業金屬未來的表現比較保守，畢竟未來若發生衰退，工業金屬的實質需求一定會大受影響。

農產品

　　農產品主要分為以下幾類：
　　1. 穀物：小麥、玉米、黃豆、稻米、燕麥

2. 軟性商品（soft commodities）：通常泛指種植出來的原物料（需要開採的礦產類原物料稱為 hard commodities），如咖啡、糖、可可、柳橙汁、棉花

3. 牲畜：飼牛（feeder cattle）、活牛（live cattle）、瘦豬（lean hogs）

4. 油脂類：黃豆油、棕櫚油

5. 其他類：羊毛、天然橡膠、木材、牛奶

農產品的主要特色是需求穩定，因此在分析農產品趨勢時，供應面的重要性就比需求面要高很多。而且農產品與通膨及宏觀經濟的關係很小，反而和氣候關係大，也就是說和其他資產的連動性都不高，可以有效分散整體投資組合的風險。不過由於農產品價格的波動性不小，因此建議農產品的投資部位最好小於總資產的 7.5%，最好是控制在 5% 以內。

原物料與其他資產的相關性

原物料與股票的相關性：

對股市大盤而言，原物料長期大漲或長期大跌對股市都不是好事，因為原物料長期大漲會造成通膨大漲，此時原物料成本上升與央行升息均對公司經營不利；反之若原物料長期大跌，一來可能是反應經濟體需求不足，二來可能會造成通縮，這些對公司經營也都不是好事。

原物料與債券的相關性：

原物料價格通常與債券價格反向，這是因為原物料大漲會拉升通膨，通膨升高則會使殖利率上漲，因此債券價格下跌。

原物料與外匯的相關性：

美元貶值時，原物料價格傾向上漲；美元升值時，原物料價格傾向下跌。美元與原物料的反向關係是任何兩個資產間的相互關係最明顯的，必須牢記。

五、房地產：不要相信只漲不跌的鬼話

2008 年底，當股市、房地產和原物料價格跌到低點、經濟非常差、失業率高漲、大家紛紛擁抱現金的時候，此時台灣卻浮現一個很奇怪的現象：一堆營建業、房仲業結合媒體宣傳「買房子永遠比買股票好」這種荒謬且徹底錯誤的概念。這些人完全忘記了 2008 全球之所以會陷入金融風暴的主因就是美國的房地產崩盤，何況當時台灣也是房地產崩盤。很多要在台北買房子的人都會說「台北地狹人稠，房價本來就難以下跌」，卻忘了在我們北邊的鄰國——日本，比台北更地狹人稠的東京，現在的房價不到 1989 ～ 1990 年房價 40%！事實上，從 2014 年第二季開始，台北的房價已經下跌超過 10%，很多人的頭期款都賠光了。

希望這節內容能夠讓大家更了解房地產，不要被那些只漲不跌的鬼話（或神話）所欺騙，一輩子成為屋奴還沾沾自喜！

房地產是什麼

實體房地產不再需要解釋，但 REITs 是把實體房地產股權化，之後於股票市場上交易；而營建股則兼具房地產與股票的雙重性質。

房地產的分類

依據用途可以分為住宅、辦公室、停車場、旅館、土地等數類。

報價網站

國泰房地產指數：

http://www.cathay-red.com.tw/about_house.asp

信義房地產指數：

http://www.sinyi.com.tw/knowledge/newslist.php/99/99

世界房地產年鑑（Global properity guide）：

http://www.globalpropertyguide.com/

房地產的特點

1. 資訊不透明

雖然幾年開始實施實價登錄，但房仲業與建築業仍然有很多方法作價（例：找人頭買賣），因此房地產堪稱是交易透明度最差的資產。

2. 投資金額大，流動性（變現速度）卻最差

房地產的資金需求非常大，至少幾十萬甚至幾千萬以上，投資失敗的代價非常大。由於資金需求量大，**因此房地產通常在低實質利率和適當的經濟成長時有最好的表現，這也就是 2008 年底筆者就預測房地產會**

因為全世界央行降息到 0 而再度大幅上漲的原因。雖然 REITs 可以解決部分房地產需要大額資金的問題，但台灣的 REITs 成交量都很低，筆者不建議投資台灣的 REITs。

房地產由於投資金額龐大，因此要賣出少則幾天、多則數個月甚至一兩年，這是房地產投資最大的風險之一。

3. 區域性非常明顯：

以台灣的房地產來說，台北、新北、桃園都已經從 2014 年的高點開始下跌，但是新竹與高雄卻未見明顯下跌跡象。雖然以台灣的人口結構而言，最後全台灣的房價應該都會下跌，但是從過去三年的不同區域的表現來看，房地產的確有很大的區域性。當然，選擇區域的前提還是要該國經濟成長與人口結構是正面的，如果在台灣或日本這種人口老化的國家買房子，最終都難逃賠錢的命運。因此**不要以為你在好地段買到一間房地產就可以「抗跌」，所謂的抗跌往往只是**

別人跌 50%、你的資產跌 30% 的相對報酬率罷了！

4. 投資工具少，較難放空：

房地產只有三種投資工具：直接持有房地產、房地產相關股票或基金、不動產投資信託（REITs），這三種投資工具會在本節詳述。

5. 循環周期長（兩個高點或低點約間隔 18 年）：

Part 3 曾說過房地產的循環周期平均約 18 年，而台灣前三次房地產低點（高點約低點往前一年）分別在 1973、1990、2014，差距分別是 17 及 24 年，和外國研究的平均 18 年類似。至於為何房地產循環平均 18 年呢？筆者的看法是：因為人到大學開始才會有較多的租屋或買屋需求，因此一次循環大概平均約 18 年，這假設雖然沒有經過驗證，但個人認為應該是個合理的解釋。

6. 房地產受到一國的人口結構影響最大

目前日本的住宅價格大概只剩下最高點（1990年）的 1/3，商用地產更是只剩下最高點的 30%，這是因為日本是全世界人口老化最嚴重的國家，因此房價跌幅當然領先全球（當然，日本股市也跌得很慘）。由於世界各國多少對於外國人購買房地產有所限制，因此房地產是與國家的人口結構關係最密切的資產類別。而日本的人口紅利（工作年齡人口，通常是指 15 ～ 65 歲的人口）在 1995 年達到最高點，因此房價早在 1990 年就開始下跌（你總不會到 60 歲還買房子吧？）；而台灣的房價在 2014 第二季達到最高點，人口紅利則是在 2016 年開始下滑，因此房價是人口紅利的領先指標，這難道是巧合嗎？所以如果你真的覺得台灣未來有很多年輕人買房子，那你放心大膽地去買房子沒關係；如果你覺得台灣未來將是老人充斥，那麼以租代買，將會是最好的選擇（至少在未來十年之內不要買）。

7. 房地產是股價的領先指標：

筆者在導論中有說過，房地產牽涉到相當多的產

業，因此他通常是景氣的領先指標。如美國的房地產在 2006 第二季見頂，股票市場在 2007/10 見頂。因此台灣的房價在 2014 第二季見頂，也就是暗示未來台灣的股價再上漲的空間有限。

房地產的長期循環與成因

已於 Part 3（p.107）之中說明過。

影響房地產價格的主要因素

長期：人口結構，通常一國人口結構的青壯年人口（< 45 歲）越多，那麼房價越容易上漲

中期：房價 / 國民收入、建築成本（與美元匯率負相關、與房價正相關）、地段價值

短期：實質利率（與房價負相關）

房地產的投資工具

房地產在投資工具上選擇是比較少的，只有以下

三個選擇：

　　1. 直接持有房地產

　　2. 房地產相關股票或基金

　　3. 不動產投資信託（又稱房地產投資信託，英文簡稱 REITs，為 Real Estate Investment Trust 的縮寫），這是 1960 年在美國首度發行的新投資工具。它有點類似基金（這邊指傳統的共同基金，不包含 ETF），不過基金持有的是股票或債券（少數基金可以持有期貨），REITs 持有的則是實體房地產或抵押債權。另外，REITs 是在股票交易所公開交易（只要交易所交易時段內可以隨時有報價），因此不像基金每天只有公告一次價格。就某些觀點而言，持有 REITs 就等於和一堆投資者共同持有房地產，進場的金額門檻就會相當低。REITs 持有的房地產標的包羅萬象，可能有旅館、一般住宅、商業大樓、大賣場、土地、停車場、工業廠房或土地等，其中部分房地產可能有租金收益，而這些租金收益大多會配發給投資者。例如台灣現在有 8 檔 REITs 於證券交易所交易，最早掛牌的一檔是富邦一號。然而台灣 REITs 都有成交量過小以及波動太大

的缺點，因此若要購買 REITs 以國外的標的較佳。

另外，REITs 最大的特點是可以放空，因此當 2008 年要是放空 REITs，那在全世界哀鴻遍野中你也可以賺大錢！因此當美國房地產再度因為升息而破裂時，可別忘記放空國外的 REITs 啊！可惜的是，國內的 REITs 因為法規限制，所以無法放空，若想對台灣的房價下跌做投資，那麼只能放空營建股，而某些個股的業務跟房地產高度相關，例如信義房屋（台股代號：9940）、永大電機（台股代號：1507）都值得投資者注意。

現在整理 REITs 和傳統的共同基金的差異於表 4-11：

表 4-11：REITs 與共同基金的比較

	REITs	共同基金
持有標的	房地產或抵押債權	股票或（和）債券、少數為期貨
報價	於交易所交易時段隨時報價	一天一次
交易場所	證券交易所（須開立股票帳戶）	一般金融機構皆可（需開立基金帳戶）

配發利息	有（多半較多）	不一定有
可否放空	可	否

表 4-12：三種房地產投資方式的比較

	直接持有房地產	房地產相關股票或基金	REITs
流動性（可變現性）	低至極低	中至高	中至高
獲利來源	價格上漲、租金	價格上漲、股利	價格上漲、利息
報價次數	不一定	一天一次	於交易所交易時段隨時報價
管理費或手續費	有	有	有
交易場所	任何地方	一般金融機構皆可（需開立基金帳戶）	證券交易所（須開立股票帳戶）
最低所需資本	數十萬元	數千元	數千元
風險與獲利	高至極高	高	高
可否放空	否	否	可

房地產與其他資產的相關性

房地產與股票的相關性：

房地產價格通常是股市的領先指標。

房地產與債券的相關性：

房地產是資金密集型的產業，債券則是一種債權，因此兩者都對利率變動特別敏感，所以這兩者均比股票要更早反應利率的變動。

房地產與外匯的相關性：

美元貶值時，房地產價格傾向上漲；美元升值時，房地產價格傾向下跌。美元與房地產的反向關係是透過原物料價格的影響——因為美元貶值時，原物料價格傾向上漲，從而導致建築成本上升，進而影響房地產價格上漲。

房地產與原物料的相關性：

原物料價格上漲時，房地產價格傾向上漲；原物料價格下跌時，房地產價格傾向下跌。這是因為原物料價格的變動會影響建築成本，進而影響房地產價格。

註 1：
藝術品和收藏品（如古董、郵票、珠寶）也是一種資產類別，但由於需要專業的鑑定技術及流通性不高，所以本書不予介紹。

註 2：
這個公式只能計算債券剛發行之後的狀況，有很多變異無法用這公式計算，例如持有債券幾年之後的價格變動（此時可能已經領取好幾次配息）。但債券的價格和利率反向波動這是不變的定律，只是漲跌幅度不一定會與這個公式符合。

Part 5

ETF、ETN、期貨
及選擇權簡介

一、ETF

ETF 的英文全名為 Exchange-traded fund，若照字面翻譯是「可轉換交易基金」，台灣稱為「指數股票型基金」，中國則稱為「交易所交易基金」。之所以會有 ETF 這種投資產品問世，是因為長期來說主動管理式基金根本（就是一般市面上的共同基金，他們會隨時買進賣出一檔股票以求表現打敗大盤）無法長期打敗大盤（但這些基金卻又強調長期投資），於是就有人認為，既然無法打敗大盤，那就來貼近大盤的表現即可，於是就有了這種追蹤一籃子股票的 ETF 出現。因此 ETF 就是由多數股票構成的集合體，例如你買進一張台灣 50 這檔 ETF，就等於買進 0.XX 張台積電＋0.XX 張聯電＋ 0.XX 張鴻海等台灣市值前 50 大的股

票。由於 ETF 是股票的集合，因此 ETF 的買賣也是透過股票交易所在買賣，而由於 ETF 內部的權重一確定之後很少更改，通常收費會比一般的共同基金低廉，每年多半都低於 0.5%。而成分股的權重固定也可以俾除人為操盤的誤差，比如說我看好石油股，我只需要買進追蹤石油類股的 ETF 即可，不需要再去研究哪幾檔基金過去經理人表現好（何況你可能也不知道他經理人換過幾次、哪一段時間表現好是因為某經理人操盤厲害或是本來大盤就漲很多），可以免去很多麻煩。

2000 年之後，原物料大漲，因此催生了原物料型的 ETF。原物料型的 ETF 提供給一般散戶不須操作期貨即可投資原物料的優點，而多數原物料 ETF 也沒有期貨的財務槓桿[註1]，因此可以 1:1 追蹤原物料的價格，而不會有加倍損失的風險。

至於債券型 ETF 更是早就蓬勃發展，而近年來也有一些特殊類型的 ETF，例如追蹤波動率指標的 ETF、追蹤債券殖利率曲線斜率的 ETF。關於美股的 ETF，可以在這裡查詢 http://etfdb.com/types/。

表 5-1：ETF 與傳統共同基金的比較

	ETF	傳統共同基金
管理方式	被動管理，成分權重定下之後很少更改	主動管理，積極買進賣出
目標	貼近大盤漲跌	超越大盤漲跌（長期而言很難達成）
散戶投資方式	於證券交易所買賣	透過銀行
報價	於交易所交易時段隨時報價	一天只報價一次
手續費	低廉（因為被動管理）	較高

　　必須注意的是，目前市面上有不少**槓桿型與反向型的 ETF**，前者是可以放大標的指數的漲跌，例如「XX 台灣加權正 2」這檔 ETF 在理論上可以複製台股大盤指數的兩倍漲跌；而「XX 台灣加權反 1」這檔 ETF 在理論上可以複製台股大盤指數的反向漲跌（台股上漲 1%，這檔 ETF 下跌 1%）。但由於這兩類 ETF 是以期貨和選擇權模擬對應指數的績效，因此**只能短期模擬對應指數的表現，長期而言會有極大的追蹤誤差**。例如若購買「XX 台灣加權反 1」，在一個月之內

台股下跌 5%，那這檔 ETF 大約也會上漲 5%；但若一年內台股下跌 5%，那這檔 ETF 甚至可能不漲反跌。**因此這兩類 ETF 只能中短期波段操作，難以長期持有。**

二、ETN

　　ETN 全名為 Exchange-traded note，台灣稱為「指數型債券」（暫譯），中國則稱為「交易所交易債券」。這是一種長期且高順位（於公司破產時優先償還）的債券，並且保證可以追蹤某些指數的表現。例如英國的巴克萊（Barclays）銀行發行了不少 ETN，其中有一檔是追蹤咖啡期貨價格的 ETN，代號為 JO。當你投資這檔債券時，就有點類似你交錢給巴克萊銀行，銀行保證這張債券到期日會完全反映咖啡期貨價格這段時間的漲跌（必須扣除手續費，當然你也可以中途賣出而不持有到到期日）。ETN 這產品也因此背後並沒有任何實體資產或股票作為擔保，完全是依據發行公司的信用作擔保。

　　ETF 和 ETN 可以在國內透過券商複委託買賣，但最好在美國的網路券商開戶直接交易，筆者是使用史考特，開戶方法可以參考 http://blog.xuite.net/sandpiper/FX/32795693，史考特公司的網址如下：https://chinese.scottrade.com

三、期貨

　　期貨（Futures）是買賣雙方透過簽訂合約，同意按指定的時間、價格與其他交易條件，交收指定數量的現貨或現金結算。通常期貨的交易集中在期貨交易所，以標準化合約進行買賣，而一張期貨合約通常稱為「一口」。進行期貨交易之前需要在交易所的帳戶中存入一筆「保證金」（類似買東西的訂金或頭期款），這筆金額通常是交易標的的 1/5 甚至更低，也就是說期貨可以用少量金額下注較大的資產，也就是期貨有龐大的財務槓桿，因此期貨交易的獲利和損失通常都非常驚人。因為期貨的槓桿容易擴大損失，所以筆者不建議讀者進行期貨交易，但是期貨交易對於全世界有極為重大的影響，因為許多原物料的基準價格都是期貨市場的交易價格。

當初創造期貨的目的是為了避險，說明如下：

某蓄電池生產商一個月需要 25 公噸的純鉛錠，為了鎖定鉛的成本價格，於是該公司在鉛價＝ 1000 美元 / 噸的時候，買進一口鉛的期貨合約（假設一口鉛的期貨＝ 25 公噸純鉛）。一個月之後，當該公司需要買進鉛現貨（鉛錠）做為生產原料時，此時鉛價已上漲到 1200 美元 / 噸。雖然現貨鉛的成本上升了 200 美元 / 噸，但由於一個月前該公司在鉛價＝ 1000 美元 / 噸時買進一口鉛的期貨，所以期貨部分有獲利 200 美元 / 噸，抵消了現貨上升的成本。反之，若鉛價在買進期貨之後一個月下跌，那此時該公司的現貨成本減少，但被期貨的虧損抵銷。所以這樣的操作，無論鉛價是漲或跌，等於鉛價被鎖定在 1000 美元 / 噸（也就是當初買進期貨的價格）。

至於用期貨投機獲利的方式，舉例如下：紐約商品期貨交易所（New York Mercantile Exchange，NYMEX）的黃金期貨是國際黃金的主要基準價格之一，它的黃金期貨合約規格是 100 盎司（oz），也就是說一口黃金期貨合約實際上操作的資產金額為黃金單價的 100

倍（以 2017/6 來說約是 125000 美元）。而操作一口期貨合約通常只需要在期貨交易帳戶裡面存入 10% 的保證金即可，也就是只要 12500 美元就可以操作一口黃金，槓桿高達 10 倍以上（槓桿率＝總操作資產／保證金）。

當我們進場買進一口黃金期貨合約之後，若黃金單價上漲 10 美元，那麼你的獲利就是 10$*100 盎司＝ 1000 美元，也就是賺 1000/12500 ＝ 8%；反之，若黃金單價下跌 10 美元，那麼就賠 10$*100 盎司＝ 1000 美元。也就是說黃金漲跌幅度只有 0.08%，但我們卻賺或賠了黃金漲跌幅的 10 倍！

因此我們的保證金有 12500 美元，但只要黃金下跌 12500/100 ＝ 125 美元，我們的保證金就會歸零，而 125 美元的下跌等於金價下跌 10% 而已！但如果黃金單價漲了 125 美元，我們此時就賺了 125$*100 盎司 ＝ 12500 美元，那我們的資金會翻倍（用 12500 美元賺 12500 美元）。所以期貨是一種高風險的短期投機遊戲，而全世界的原物料價格就是每天在這種殘酷的廝殺之中被決定出來的。

四、選擇權

選擇權（Options）是根據某項資產（如股票指數、原物料期貨價格）在未來某一時間段的價格，確定期權交易中買家的權利和賣家的義務。簡單的說，選擇權就是賦予了持有人一種按照約定價格買或賣的權利，但是持有人可以自己決定要不要行使這個權利。在期權的交易時，購買期權的一方稱作買方，而出售期權的一方則叫做賣方；買方即是權利的受讓人，而賣方則是必須履行買方行使權利的義務人。

選擇權主要可分為 Call 和 Put，前者可稱為買權，後者則是賣權。Call Option 的擁有者有權利、但沒有義務，在約定的期間，以約定的價格，買下標的商品。Put Option 的擁有者有權利、但沒有義務，在約定的期間，以約定的價格，賣出標的商品。投資者可以想像

買就是＋、賣就是－，之後用數學正正得正、負負得正、正負得負的概念，來了解選擇權買賣方和買賣權的組合，請參見下表：

表 5-2：選擇權買賣方和買賣權的組合及效果

	買方	賣方
買權	等於作多	等於放空
賣權	等於放空	等於作多

選擇權其實投機性比期貨還重，因此筆者也不建議讀者操作選擇權。

註1：
期貨型 ETF 消除槓桿的方法如下：
假設美國的原油期貨合約規格是 1 美元的本金可以操作一桶原油，且當時油價為一桶 50 美元。那麼某檔追蹤原油價格的期貨型 ETF 每股價格是 50 美元，當這檔 ETF 接收投資人 50 美元的資金，就必須用其中的 1 美元來買進一桶原油（也就是一張期貨合約），其他 49 美元則是以現金的形式存在銀行。如此一來就等於每股 ETF 持有 1 桶的原油，那麼當原油價格上漲 1%，投資人持有的 ETF 也會上漲 1%，這樣對於 ETF 投資者而言就沒有槓桿的問題了。

結論

長期獲利致勝的祕訣

1. 遵守紀律

　　每個人都會預測市場，也都有自己的一套觀點，但就算是索羅斯也有看錯市場的時候，一般散戶也有看對趨勢的時候，那為什麼索羅斯賺了大錢，而你卻每年的結算總是賠錢？索羅斯曾說過：我就是先否定我自己，才造就我自己；言下之意就是認錯是很重要的。很多人常常賺了幾筆，之後一個大虧損就賠光所有的錢，那就是因為不懂得放大獲利（趨勢還持續就不停利）＋減少虧損（看錯到一定程度就認賠出場）。

2. 了解歷史

　　雖然科技會進步，但是金融市場的歷史卻常重複，因為人性的貪婪和恐懼演化的速度卻超乎想像得慢。例如 2008 年的股市崩盤，其實幅度和 1973 ～ 1974 的股市大空頭跌幅幾乎一致。我在「老天啊，美國股市觸底了沒？」（http://blog.xuite.net/sandpiper/FX/22791316）這篇部落格文章中就根據 1973 ～ 1974 年的美股跌幅，算出 2009/3 美國股市已經觸底，結果事後證明那真的是底部，而且和實際底部的差距不到 3%。之所以這樣預測，就是 1973 ～ 1974 年也發生了房地產崩盤和第一次石油危機，宏觀經濟的背景完全和 2007 ～ 2008 一樣，由此可見 2008 根本不是什麼難以預測的危機，三十多年前的歷史就已經昭告我們了，只是我們視而不見罷了！所以我們只要根據歷史，尋找背景因素或者走勢相似的時代去推估未來走勢，可見歷史真的有用，絕對不是陳舊而無用的垃圾桶！

3. 抓住大局

　　每個人都想抓住每一個小波段的漲跌，但多數人都失敗收場，原因是短線很難預測（請參考 Part 1 的十四），因為短線的樣本數太少，不可測變數又太多，因此短線的結果很難回歸合理的市場價格，但長線的市場價格會回歸到符合供需法則（或其他基本原理）的平衡數字。舉個例子來說：任何一間大的婦產科醫院，男女嬰的比例應該介於 45:55 ～ 55:45 之間，這是很容易預測的事情；但某人懷孕的小孩性別，他卻無法預測。這是因為大醫院接生的小孩，樣本數夠多，所以當然會回歸生物學課本告訴我們的 1:1 附近，而一個小孩的樣本數太少，根本不會回歸合理的平均值。

　　我們的教育從小教我們都是要處理好小細節，而不是以宏觀為主，因此養成我們對於小波段有沒有賺到斤斤計較，對於一個漲了三五倍的大趨勢卻不敢進場追擊的個性。實際上，那些真正靠投資賺錢的人，都講究要抓到真的大趨勢，例如羅傑斯和巴菲特兩人，

結論

雖然一個對原物料專精，一個在股市上面無人能敵，但他們兩個都認為抓住大趨勢、再加上長期投資才是長期獲利的保證，希望大家能謹記在心。

4. 逆向思考

　　媒體和分析師也和一般散戶一樣無法擺脫人性，這點我在 Part 1 的「十八、媒體為什麼永遠是反指標」有詳細的說明。而投資最怕的就是從眾，因為大家都在買的標的往往已經累積很大的漲幅，所以當你買進之後下跌的機率就很大；而大家都不敢買的標的，由於賣壓已經宣洩完畢（大家都賣光了），因此繼續下跌的機率就不高。但是人類是群體動物，因此媒體一報導、朋友同事親戚一討論，你就會無法承受群體壓力而做出錯誤決策，前幾年很多買房剛好套在最高點的人就是這樣。所以能承受群體壓力，做出獨立思考的人，才是市場最終的勝利者。

繽紛 217

掌握投資金律，擺脫死薪水：
風險管理、資產分配、趨勢預測，投資賺錢很簡單

作　　　者／盧冠安			
發　行　人／張寶琴			
總　編　輯／李進文	業務部總經理／李文吉		
主　　　編／張召儀	行 銷 企 畫／許家瑋		
資 深 美 編／戴榮芝	發 行 助 理／簡聖峰		
內 頁 製 圖／陸承愛	財　務　部／趙玉瑩　韋秀英		
校　　　對／盧冠安	人事行政組／李懷瑩		
張召儀	版 權 管 理／張召儀		
法 律 顧 問／理律法律事務所			
陳長文律師、蔣大中律師			

出　版　者／聯合文學出版社股份有限公司
地　　　址／臺北市基隆路一段178號10樓
電　　　話／（02）27666759轉5107
傳　　　真／（02）27567914
郵 撥 帳 號／17623526 聯合文學出版社股份有限公司
登　記　證／行政院新聞局局版臺業字第6109號
網　　　址／http://unitas.udngroup.com.tw
　　　　　　E-mail:unitas@udngroup.com.tw

印　刷　廠／沐春行銷創意有限公司
總　經　銷／聯合發行股份有限公司
地　　　址／231臺北縣新店市寶橋路235巷6弄6號2樓
電　　　話／（02）29178022

版權所有・翻版必究
出 版 日 期／2017年11月　　　初版二刷第一次
定　　　價／300元

copyright © 2017 by RU, Guan-An
Published by Unitas Publishing Co., Ltd.
All Rights Reserved
Printed in Taiwan

ISBN　978-986-323-235-3（平裝）　　　《本書如有缺頁、破損、裝幀錯誤、請寄回調換》

國家圖書館出版品預行編目資料

掌握投資金律，擺脫死薪水：風險管理、資產分配、
趨勢預測，投資賺錢很簡單／盧冠安著. -- 初版. --
臺北市：聯合文學, 2017.11
240面；14.8×21公分. --（繽紛；217）

ISBN 978-986-323-235-3（平裝）

1.理財 2.投資

563.5   106019729